KB253680

에베레스트

도전과 정복의 역사

차례
Contents

03에베레스트에 대해 19초기등반시대 36에베레스트 정복의 그날 55그날 이후: 1960년대부터 현재까지 74우리의 에베레스트 등정 80기록으로 보는 에베레스트 이야기

에베레스트에 대해

　세계최고봉인 에베레스트 하면 우리는 쉽게 이러한 질문들을 떠올릴 수 있다. 에베레스트 정상의 위치는 정확히 어디일까? 에베레스트는 인도 북부 네팔과 중국 남부 티베트의 국경선에 있는데 왜 영어이름이 붙었을까? 어떤 기준으로 측정했기에 에베레스트가 세계최고봉이 되었을까? 세계최고봉에 처음 오른 사람은 누구일까?

　위의 질문에 간단히 답을 하면 이렇다. 에베레스트는 네팔과 티베트 국경선에 있지만 에베레스트 정상의 정확한 위치는 북위 27도 59분 17초, 동경 86도 55분 31초다. 영어이름이 붙은 것은 19세기 식민지 시대에 이 사실을 처음 발견한 영국인들이 자신들이 편하게 부르려고 원명인 '초모룽마'를 무시하고 에베레스트라 불렀기 때문이다. 그리고 에베레스트가 세계최고봉으로 채택된 것은 해수면을 기준으로 삼았기 때문이다. 만일 지구의 중심부를 기준으로 측정하면 적도 인근인 에쿠아도르의 침보라조(6,310m)가 최고봉이 된다. 그 높이가 6384.442킬로미터로 에베레스트보다 2229킬로미터나 높다. 이는 지구의 자전으로 적도 부근이 불룩해져 있기 때문이다. 에베레스트에는 1953년 5월 힐러리와 텐징이 처음 올랐지만, 1924년 6월 정상등정에 나섰다가 실종된 맬러리와 어빈일 수도 있다는 주장이 제기되기도 했다. 2007년 6월 국제등반대가 당시의 복장과 장비를 재현해 북릉-북동릉을 따라 정상에 올랐기 때문이다.

에베레스트에 대한 간단한 답을 듣다보면 여러 궁금한 점이 생긴다. 이제부터 그런 궁금증을 자세히 풀어보자.

이름의 의미와 유래

에베레스트는 원래 다른 이름이 있다. 에베레스트의 남쪽인 네팔에서는 산스크리트어로 '하늘의 여신' 또는 '세계의 정상'이라는 뜻의 '사가르마타Sagarmatha'라 부르고, 북쪽인 티베트에서는 '이 세상의 여신이자 어머니(Goddess Mother of the Land, Mother Goddess of the World)' '눈의 여신이자 어머니(Mother Goddess of the Snows)' '바람의 여신'이라는 뜻의 '초모룽마Chmolungma(珠穆朗瑪)' '쿠오모랑마-펭Qomolungma-Feng'이라고 부른다.

그러나 한편에서는 이를 오역된 것이라고 한다. 초등정자인 셰르파 텐징의 증언에 따르면 텐징의 모친은 초모룽마를 '어떤 새도 넘을 수 없을 만큼 높디높은 산'이라고 했다고 한다. 티베트 철자로 해석하면 '암컷 새들의 땅'을 의미하기도 한다. 또 다른 설로 단순히 '계곡 위의 봉우리'를 뜻한다고도 한다. 초모는 봉우리를, 룽은 넓은 계곡을 의미하기 때문이다.

『성스러운 세계의 산들*Sacred mountain of the world*』(Edwin Bernbaum)에서는 조모랑마Jomolangma, 즉 '랑마의 여인'으로 번역해야 옳다고 한다. 조모는 여인(lady)을 뜻하고 랑마는 여신 미욜랑상마Miyolangsangma를 줄인 것이기 때문이다. 티베트불교에서 랑마는 산에 거주하는 여신이라는 뜻이다.

티베트 경전經傳인 십만보훈十萬寶訓에 의하면 7~8세기경, 즉 중국 당唐나라 시절에 티베트 왕의 명령으로 초모룽마 지역에 백조白鳥를 기르는 장소를 두었다. 그 이후 그 지역은 차랑마(새를 기르는 땅), 혹은 '로차랑마'(남쪽의 새를 기르는 땅) 등으로 불리게 되었다고 한다. 이런 연유로 이곳 원주민들은 초모룽마를 '암컷 새'라고 한다.

라마교에서 달마다 10일 또는 15일에 제사를 지내는 여러 신 가운데는 초모룽마의 다섯 여신이 있다. 다섯 여신의 이름은 불교경전에 나와 있는데, 원래는 다섯 자매의 이름이었다. 맏언니는 초모조렝마, 둘째는 초모칭체사상마, 셋째는 초모랑상마, 넷째는 초모차오방추상마, 막내는 초모도카리조상마라 부른다. 초모룽마란 초모랑상마의 약칭이다. 티베트어로 '초

모'는 여신이라는 뜻이고 랑상마, 조렝마, 칭체사상마, 차오방
추상마, 도카리조상마는 모두 여신의 이름이다. 초모룽마란
'성모聖母의 물'이라는 뜻도 된다. 현재 중국에서는 초모룽마
라는 이름을 음차해서 주무랑마(珠穆郎瑪)라고 표기한다.

중국 청나라 2대 황제 강희제康熙帝(재위 1661~1722)는 프랑
스에서 온 예수회 선교사들에게 지도편찬을 명했다. 1708년부
터 측량하기 시작해 청나라 전역에 걸쳐 장기간 측량한 끝에
1717년에 '황여전람도皇輿全覽圖'가 완성되었다. 이때 이번원
理藩院 주사인 승주勝住와 두 명의 라마승려 스루칭상부와 랑
벵창바 등 세 사람을 티베트로 파견해 1714년(혹은 1715년)부터
1717년까지 측량을 실시했다. 이때 제작된 티베트지도는 가장
오래된 지도로 1718년에 완성되었다. 1719년에 만주어 동판
이, 1721년에 중국어 목판이 인쇄·출판되었다. 이 지도에 초
모룽마라는 이름이 표기되어 있다. 그리고 황여전람도를 바탕
으로 프랑스 예수회의 장 바티스트 부르귀뇽 당빌은 프랑스어
로 '중국·타타르·티베트의 새 지도'를 1733년 프랑스어판으
로 펴냈다. 이 지도에도 역시 초모룽마라는 명칭이 기재되어
있다. 이 사실을 밝혀낸 스웨덴의 탐험가 스벤 헤딘Sven Anders
Hedin(1865~1952)은 에베레스트라는 명칭을 초모룽마로 고치자
고 주장했지만 영국은 이를 받아들이지 않았다.

티베트의 정교인 라마교에서는 초모룽마의 수호여신을 '체
링마Tseringma'라고 하며, 티베트의 수도 라사에서 북서쪽으로
70여 킬로미터 떨어진 곳에 있는 출푸 사원에 체링마 상이 봉

안되어 있다. 또한 라마교의 설화에 의하면 에베레스트는 음식을 지닌 여신과 보석을 내뱉는 몽구스(고양이과 동물)가 사는 곳이다.

세르파족은 에베레스트를 미욜라상마 여신이 사는 곳으로 믿고 있다. 이를 뒷받침하는 사례로 에베레스트 초등자 텐징 노르가이의 아들인 잠링 텐징의 카트만두 집에는 미욜라상마 여신이 호랑이 등 위에 탄 채로 에베레스트 앞을 지나가고 에베레스트 정상 위에 여신이 가부좌 자세로 앉아있는 탱화가 걸려 있다.

네팔에서 칭하는 사가르마타는 1960년대 네팔정부에서 원이름을 찾다가 역사학자 바부람 아차리아Baburam Acharya가 제안한 이름을 채택한 것이라는 설도 있다.

영어권에서는 에베레스트Everest를 줄여서 '빅이The Big E'라고도 칭하고 '장엄한 산(The Majesty of the Mountain)'이라는 부제를 붙이기도 한다. 북한에서는 중국한자 표기인 주무랑마를 차용해서 주무랑마봉으로 표기하고 있다.

현재 중국 당국은 '에베레스트'라는 명칭 사용을 불허하고 '초모룽마' 사용을 조건으로 입산허가를 내주고 있지만 원이름을 찾기까지는 시간이 걸릴 것 같다.

발견과 높이

에베레스트 발견은 측량과 깊은 관계가 있다. 인도 아대륙

(sub-continent)과 같은 거대한 지면을 측량하기 위해서는 특별한 측량법이 필요했다. 이에 적합한 방법이 대삼각측량(Grand Trigonometrical Survey)으로 1617년 네덜란드의 스넬리우스가 창안한 삼각측량방법에 그 기원을 두고 있다.

영국정부의 육지측량부가 1791년에 대삼각측량으로 영국 본토의 지도를 만드는 작업에 본격적으로 착수하게 되고, 이어 1802년에는 인도 아대륙의 대삼각측량 계획이 착수되어 이를 위해 인도 식민지정부에 대삼각측량부가 신설되었다. 이 사업의 목적은 인도전체의 그리드 측량을 하는 것뿐만 아니라 인도 아대륙의 남쪽에 있는 코모린 곶(Cape Comorin)부터 북쪽 히말라야산맥까지 남북으로 약 2900킬로미터에 이르는 거리인 경선經線의 호弧를 계산하는 것이었다. 이것을 계산해야만 지구의 이론적인 구의 크기를 계산할 수 있었으며, 이 계산 값으로 히말라야 고봉들의 높이를 결정할 수 있었다. 측량은 인도 남부에서 시작되어 100여 년 동안 계속된 대역사로 히말라야산맥의 지도를 만드는 작업에서 그 절정을 이루었다.

그러나 측량의 어려움은 극에 달했다. 일례로 측량대가 히말라야산맥까지 접근했으나 측량기술자인 영국인들은 "외국인들은 티베트국경을 넘을 수 없다"는 청나라 황제의 명령 때문에 국경을 넘을 수 없었다.

측량대는 할 수 없이 현지인들을 고용해 측량기술을 가르쳐 측쇄測鎖(거리를 측정하는데 쓰는 쇠사슬)를 염주처럼 위장해서 목에 걸고 국경선을 넘게 했다. 이들을 펀딧pandit(인도의 현자나

학자)이라고 불렀다. 이 때문에 에베레스트에 대한 관측과 측량작업도 먼 거리에서 할 수밖에 없었다. 이렇게 히말라야산맥 측량작업의 부산물로 세계최고봉을 발견하게 되었다.

1847년 가을, 당시 세계에서 가장 높은 봉우리 중 하나였던 측량기호로 'Peak VIII(8)'으로 표기된 칸첸중가를 측량하던 중 그 너머 북쪽에 또 하나의 웅장한 봉우리가 발견되었다. 이 미지의 산에 'Peak B'라는 명칭을 붙였다. 그리고 정밀 측량이 시작되면서 'Peak B'의 측량기호는 'Peak XV(15)'으로 바뀌고 장시간의 계산이 끝났을 때 Peak XV이 세계 최고봉으로 판명되었다. 경위의經緯儀(Theodolite: 고산이나 천체의 방위각과 앙각仰角을 재는 기계로 망원경을 수평과 연직 방향으로 자유로이 회전할 수 있도록 만들었으며 육지측량용과 천체측량용이 따로 있다)를 이용해서 200여 킬로미터 떨어진 지점에서 측량한 Peak XV의 높이는 2만 9002피트(8,840m)였다. 이 수치는 오늘날 사용하는 수치인 2만 9028피트와 비교해도 불과 26피트(7.9m)의 오차에 불과한 근사치다. 이때가 1852년이었다. Peak XV가 에베레스트(영어 발음대로 하면 에버리스트가 옳지만 에베레스트가 일반화되었다)란 이름으로 공식화 된 것은 그로부터 13년이 지난 후인 1865년 영국 왕실지리협회에서 공식 인정한 뒤부터였다. 이미 1830년부터 1843년까지 초대 측량부장관을 지낸 조지 에베레스트George Everest(1790 ~1866)의 업적을 기리기 위해 당시 인도측량부에서 편의상 붙인 것이 공식 명칭이 된 것이다. 그러나 에베레스트가 삼각측량법을 창안한 공로로 그의 이름을 붙였다고 잘못

알고 있는 사람도 있다. 그는 인도대륙 측량의 결과값을 바탕으로 지구타원체의 값(극반경·적도반경·편평도)을 최초로 산출해 1830년에 발표한 공로가 있다. 최고봉을 그의 이름을 따서 명명했지만 불행하게도 그는 생전에 에베레스트를 보지 못하고 사망했다. 그는 부하들에게 끝없이 일을 시키는 상사였기 때문에 '쉴 줄 모르는'이라는 뜻의 '네버레스트never-rest'란 별명으로 불리기도 했다.

이렇게 측량한 자료와 보완차원에서 1920년대 초 영국산악회와 영국의 왕립지리학회에서 파견한 세 차례의 에베레스트 원정대가 측량한 자료로 영국은 당시로서는 히말라야의 어느 지역보다도 에베레스트의 완벽한 지도를 먼저 그리게 되었다.

현재 에베레스트의 경우 미국 우주왕복선이 우주에서 촬영한 사진뿐만 아니라 여러 가지 측정 장비를 이용해서 1999년 말 현재 8850미터라는 새로운 측량결과와 함께 1년에 5-6밀리미터씩 북동쪽으로 이동하고 있다는 사실까지 알게 되었다.

현재 공식화된 높이는 지난 1954년 인도정부에서 발표한 높이로 정확히는 8848.10미터다. 그러나 정확한 과학적 근거가 없다는 비판을 받아왔다. 1975년 중국당국이 발표한 높이는 8848.13미터였다.

오스트레일리아정부의 공식높이는 8874미터(29,114ft)이며 1993년에(1992년 정상에 올라 측정 장비인 레이저 반사판 설치) 프랑스와 이탈리아 과학자들이 인공위성을 이용해서 측량, 발표한 공식 높이는 8846.1미터(29,022ft)다.

1999년 12월 미국지리학회는 인공위성(GPS 위성) 등을 동원해 측정한 결과, 과거 인도에서 발표한 8848미터보다 2미터 높아진 8850미터(29,035ft)라고 공식 발표했다. 그러나 학계 일부에서는 GPS관측은 관측 방향마다 높이가 달라진다는 이유로 이 수치를 인정하지 않고 있다.

중국 국가측량지도국은 2004년 가을부터 에베레스트 재측량작업을 시도해 2005년 10월에 에베레스트의 암석을 덮고 있는 빙설을 뺀 높이는 해발 8844.43미터이며 오차 허용범위는 ±0.21미터 정도라고 공식 발표했다. 빙설 탐측 레이더를 비롯해 GPS관측, 통제망, 레이저 거리 측정기 등 각종 첨단 설비를 동원해 등산측량, 수평측량, 중력측정 등 다양한 측량 수단을 사용했다. 따라서 에베레스트 암석 위에 덮인 빙설 높이는 3.5미터 정도인 것으로 밝혀졌으며 표면의 얼음까지 포함하면 8847.93미터가 된다. 일부에서는 "지구온난화로 얼음이 녹고 해수면이 높아져 에베레스트가 낮아진다"고 한다. 반면 "인도판이 유라시아판을 밀어 올려 에베레스트가 높아진다"는 주장도 있다.

생성과 지형

대륙이동설(지구상의 대륙이 수평이동해 왔다고 보는 개념)에 의하면 약 2억 5000만 년 전에는 지구 위의 모든 대륙이 모여 초 대륙인 '판게아Pangaea'를 이루고 있었다. 판게아는 지구의 절반을 덮는 거대한 대륙이며, 나머지 바다는 '판탈라사Panthalassa'라고 한다. 판게아의 북쪽 절반은 '로라시아Laurasia대륙', 남쪽 절반은 '곤드와나Gondwana대륙'이라고 불렀다. 이들 두 대륙 사이에 있던 큰 내해는 '테티스 해(Tethys sea)'라고 한다. 당시 인도는 곤드와나대륙의 일부를 이루면서 남반구에 있었다.

2억 년 전 판게아는 분열을 시작하고 인도 아대륙은 북상을 개시한다. 인도 아대륙은 약 1억 5000만 년 전인 쥐라기에 아프리카와 오스트레일리아에서 분리되고, 마지막에는 마다가스카르 섬에서 떨어졌다. 6000킬로미터를 북상한 인도 아대륙은 약 5500만 년 전에 아시아대륙과 충돌해 산맥이 형성되고 산맥은 서서히 성장하기 시작했다. 2000만~1500만 년 전에는 높이 3000~4000미터, 1100만~800만 년 전에는 6000미터, 600만~100만 년 전에 이르러서는 마침내 8000미터나 되었다. 이로써 현재와 같은 히말라야가 형성된 것이다.

그러나 일본 규슈대의 사카이 하루나카(酒井治孝) 교수는 이와는 상반된 학설을 제시했다. 그는 1999년 봄, 에베레스트 정상에 오른 후 원래는 높이가 1만 5000미터 이상이었으나 2000만 년 전부터 깎여 내려가기 시작한 이후, 300만 년 간 줄곧 낮아져 현재와 같은 높이가 되었다고 주장했다. 이를 뒷받침하듯 북릉-북동릉을 등반해 본 등산가들은 이구동성으로 "멀리서 보면 에베레스트는 하나의 거대한 화강암 덩어리 같다. 그러나 사실은 물렁한 석회암이 부서져 가고 있는 폐허다"라고 말한다.

지리학적으로 볼 때 에베레스트는 여러 가지 바위들의 혼합체이다. 아래층들은 열과 압력으로 변질된 변성암이 주요 구성요소다. 여기에는 입자가 굵은 편암이 많고 편마암과 혼성암이 주를 이룬다. 더 위쪽은 열에 녹은 바위가 천천히 식으면서 형성된 화성암火成巖인 화강암이 주류를 이룬다.

에베레스트 정상부근을 형성하는 옐로우밴드와 그 위의 초모룽마층의 정체는 바다였던 테티스 해의 퇴적물이다. 정상은 점토, 미사微砂, 해양 동물의 탄산염(백악질), 유골 등으로 형성된 퇴적암이다. 한 마디로 모래층이 섞인 순수한 석회암으로 5000만 년 전 해양 식물의 화석으로 형성된 것이다.

현재도 인도대륙의 충돌은 계속되고 있다. 히말라야에서 발생하는 지진이나 지표에 분포하는 단층이나 온천이 그 증거다. 이들의 존재는 지금도 지각활동이 활발하다는 것을 의미하고 있다. 이를 뒷받침하는 증거로 네팔에서는 대지의 북상 속도도 관측되었다. 프랑스 과학자들이 1991년부터 1995년에 걸쳐 GPS(위치 확인 시스템)를 이용해 관측했다. 그 결과 네팔 각지에서 대지가 북-북동 방향으로 수평이동하고 있는 것으로 밝혀졌다. 연간 이동량이 최대 17밀리미터에 달하는 장소도 확인되었다. 100만 년 동안 17킬로미터나 이동한 셈이다.

중국정부는 1966년부터 1968년까지 과학조사대를 파견해 에베레스트 주변을 대대적으로 조사했다. 그 결과 에베레스트 정상의 석회암부분은 지질학적으로 두 층으로 나뉘어 있다는 것이 판명되었다. 이 연구 성과를 바탕으로 현재 정상에 가까운 층을 '초모룽마층', 그 아래의 층을 '옐로우밴드'라 부르고 있다. 이때 8700미터 부근에 분포하는 초모룽마층에서 바다술(생김새가 식물의 백합과 비슷하여 바다백합이라고도 한다. 몸길이 30-50센티미터)이나 삼엽충의 화석, 직각석(암모나이트의 조상격이며 앵무조개와 비슷한 오르토케라스의 화석), 완족류의 화석을 발견했다.

옐로우밴드는 약 5억 년 전(캄브리아기)의 대리석(결정질 석회암)으로 이루어져 있고 바다술의 흔적이 발견되고 있다. 노란색은 열에 의해 변성작용이 일어나고 그 후 풍화작용으로 변한 것으로 추정하고 있다. 옐로우밴드는 8235미터에서 8540미터 사이에 형성된 폭 300미터에 달하는 암석층으로 에베레스트와 그 주변 지역에만 존재한다.

에베레스트 정상은 산소가 희박한 성층권에 가까운 대기권의 3분의 2 지점까지 솟아 있어 해면에 비해 산소가 3의 1로 감소한다. 또한 계절풍(몬순)이 부는 여름 동안 눈이 내려 눈너미를 이룬다. 이 눈더미는 증발선蒸發線 위에 있기 때문에 보통 밑으로 흘러 빙하를 이루는 넓은 만년설(부분적으로 결빙된 싸라기눈) 분지를 형성하지는 않는다. 따라서 에베레스트의 빙하는 자주 일어나는 눈사태를 통해서만 형성된다.

에베레스트는 정상을 기점으로 3개의 산릉이 아래로 뻗어 내려가 있다. 남쪽으로 뻗은 산릉은 사우스콜South Col(7,906m)과, 서쪽으로 뻗은 산릉은 로라Lho La(6,026m)와, 북동쪽 산릉은 라퓨라Rapiu La(6,501m)와 잇닿아 있다. 노스콜North Col(7,010m) 또는 창라Chang La는 북동릉에서 갈라져 나온 북릉(북서릉)에 속하며 북릉 끝에는 창체Chang Tse(7,543m)가 있다. 남릉, 서릉, 북동릉의 3개 주 산릉 사이에는 북서벽, 남서벽, 동벽이 형성되어 있다. 세 벽은 급경사의 암벽과 빙벽으로 이루어져 있다. 이 세 벽은 빙하의 발원지가 된다. 즉 빙벽을 덮고 있는 두터운 얼음층이 갈라지며 무너져 내리면서 계곡을 따라 밀려 내리기 때문이다. 북서벽 아래로는 긴 롱북 빙하가, 동벽 아래로는 캉슝 빙하가 흐르고 있다.

현재 네팔정부는 이 지역을 1976년에 '사가르마타국립공원'으로 지정했으며, 티베트 쪽 2만 7000평방킬로미터는 세계자연보호구역으로 지정되었다. 이 지역은 1979년 유엔교육과학문화기구(UNESCO)에서 세계자연유산으로 등록했다.

셰르파

셰르파Sherpa란 티베트어로 '동쪽 사람'이라는 뜻이다. 현재는 히말라야 등산에 없어서는 안 될 등산안내자 즉 '도우미'란 의미로 더 널리 알려져 있다. 특히 상업등반대가 몰리는 에베레스트 등반에서는 필수적인 인력으로 마치 알프스의 안내자 같은 존재가 되었다.

셰르파는 크게 셰르파족과 보티아Bhotia족으로 구분한다. 셰르파는 에베레스트 남쪽기슭인 쿰부 지방에서 오랫동안 살아온 토박이 티베트족이고 보티아는 티베트 동부에서 시킴이나 쿰부 지방으로 이주한 티베트족이다. 쿰부 지역에서는 이들을 캄바Kamba라고 부른다. 이들이 다른 점은 토박이냐, 이주민이냐 하는 것이며 모두 티베트족이라는 공통점이 있다.

최초의 셰르파족은 16세기 티베트 동부 캄Kham에서 전쟁이 벌어지자 피난을 위해 티베트와 네팔의 국경에 있는 낭파라(5,716m) 고개를 넘어 에베레스트 남쪽 기슭에 도달한 것으로 추측된다. 그들은 보테코시 강과 두드코시 강의 가파른 계곡이나 협곡에 있는 쿰부와 파라크에 정착했다. 그 후 점차 농사에 유리한 쿰부와 파라크 남쪽의 솔루 지역으로 이동했다.

이들은 힌두교(네팔인)의 영향력이 미치지 않는 솔루-쿰부 지역의 오지마을들에서 나름대로 독특한 문화를 형성했다. 대승불교인 라마교를 믿고 있기 때문에 힌두교의 카스트제도보다 개방된 사회구조를 형성하고 있다. 그러나 고유의 언어와 문자가 없다.

이들이 오늘날과 같은 세계적인 산악부족이 된 데는 영국의 에베레스트 능반이 기원이 되었다. 1920년대에 에베레스트를 정찰과 시등始登, 그리고 많은 짐을 운반할 인부와 잡일을 할 막일꾼들이 필요했다. 1921년, 에베레스트 정찰대에 참가한 의사 켈라스Alexander Kellas 박사는 세 번(1907, 1911, 1912)에 걸친 히말라야 6000미터 급 등반에서 셰르파족이 높은 고도에 잘 적응한다는 사실을 발견했다. 그의 추천으로 1921년 정찰에 셰르파족을 고용한 것이 계기가 되었다.

당시 정찰에 참여한 인물 중에는 인도 식민지정부에서 근무한 경력자들도 있다. 그중 군인들은 지금도 용병으로 유명

한 구르카 병을 채용했다. 그러나 전쟁터에서 용감한 것과 높은 산에서 짐을 운반하고 허드렛일을 하는 것과는 다르다는 것이 금방 증명되었다. 그리고 셰르파족처럼 추운 기후와 높은 고도 생활에 익숙한 강인한 인종은 없다는 켈라스 박사의 주장이 옳다는 것이 밝혀졌다. 또한 이들이 정찰대에 채용된 것은 출발지인 인도북서부의 휴양도시 다르질링에 막일을 하러 온 여러 소수민족 중 하나였기 때문에 가능했다. 그들은 도시에서 막일하는 것보다 임금은 적게 받았지만 일이 쉬웠기 때문에 원정대에 따라 나선 것이다.

초기 세 차례에 걸친 에베레스트 정찰과 시등에서 셰르파들의 능력과 가치가 입증되자 세계 각국의 히말라야 원정대는 그들을 채용하기 시작했다.

또한 1953년 5월 에베레스트를 초등정한 텐징 노르가이에 의해 셰르파라는 단어는 세계적인 단어가 되었다. 원정대에 참가하는 셰르파들 중에서 가장 우수한 자들은 인도어로 우두머리를 뜻하는 사다(Sirdar·Sirder)가 된다. 사다는 짐꾼을 선별해 그들에게 교육해 그들의 고충을 알리고, 산중에서 할 작업을 조직한다.

처음에 셰르파들은 단순히 돈을 벌기 위해 원정대에 참여했을 뿐이었다. 에베레스트를 비롯한 8000미터 고봉을 오르겠다는 야심을 지닌 셰르파는 없었다. 그러나 1953년 텐징이 에베레스트를 올라 그들의 전설대로 에베레스트의 정상에 ‘황금사자’가 있다는 것을 증명했다. 이후부터 셰르파들은 신기록

에 도전하고 상업등반대에 참가하고 여행사를 운영하는 등 수
익사업에 뛰어들고 있다. 현재 네팔에는 약 7만 명의 셰르파
족이 살고 있다.

초기^{등반시대}

북쪽에서의 도전(1921~1940)

　에베레스트 초기등반시대의 중앙아시아는 서구열강(영국, 러시아) 세력과 동양(중국) 세력이 첨예하게 대립하던 식민지시대 말기의 무대였다.

　에베레스트가 있는 티베트는 종교국가였지만 청나라(중국)의 변방 속국이었다. 러시아는 차르Czar(제정러시아 황제) 니콜라이 II세(재위 1894~1917)의 남진정책에 따라 중앙아시아에서도 영토를 확장하기 위해 티베트에 관심을 가졌다. 그러나 이러한 러시아의 관심은 식민지 인도를 지배하던 영국을 반발하게 만들었다. 결국 1903년에 영국군은 티베트를 침공하고 이듬해

19

(1904) '라사조약'을 맺고 철수했다. 1912년에 청나라가 망하자 티베트는 자주독립을 선언했다. 그리고 1950년에 중국공산군이 침공할 때까지 영국과 선린관계를 지속했다. 이 당시 영국은 러시아와 청나라에게서 인도를 방어하기 위해 티베트를 완충지대로 이용했다. 인도는 1858년부터 영국국왕(빅토리아 여왕)의 직접 통치로 총독이 부임하고 내각에서는 인도식민지장관을 임명했다.

1898년 인도총독으로 부임한 커즌Curzon 경卿은 에베레스트 등반에 관심을 가졌다. 당시 왕립지리학회와 영국산악회는 회원 다수가 복수가입해 있었다. 따라서 왕립지리학회 회장과 산악회장을 겸임하기도 했다. 당시 양 단체의 회장은 아마추어 지리학자이자 변호사인 프레쉬필드William Douglas Freshfield였다. 그가 인도 방문 시 총독을 만났을 때 에베레스트 등반이 화제에 올랐다. 그러나 구체적인 게획을 세을 무렵에 리시아와 티베트, 그리고 청나라 사이의 문제가 복잡하게 얽혀 등반계획은 수면 밑으로 가라앉았다.

1905년 티베트 문제가 안정되자 총독은 프레쉬필드 왕립지리학회 회장에게 에베레스트 등반을 권하는 편지를 보냈다. 영국산악회는 총독의 제안을 받아들여 영국산악회 창립 50주년(1907) 기념 원정대를 파견하기로 했으나 그 사이에 정치 상황이 돌변했다. 커즌 총독이 사임하고 후임 총독으로 1905년에 민토Minto 경이 부임했다. 민토 경은 영국산악회 회원으로 에베레스트 등반을 지지했다. 그러나 내각의 인도식민지 국무

장관 몰리John Morley의 반대에 부딪쳤다. 그는 티베트 영토 진입을 반대했다. 에베레스트원정이 영·러 조약(1907년에 체결된 조약으로 영국과 러시아는 오직 청나라를 통해서만 티베트와 상대할 수 있다고 규정되어 있었다)을 위반하는 '침입'이라고 생각했다. 이로 인해 에베레스트 등반은 또다시 수면 밑으로 가라앉았다. 그리고 제1차 세계대전(1914~1918)이 발발했다.

전후 유럽에서는 러시아가 볼셰비키혁명을 겪고 있었고, 중국은 청나라가 망하고 민족주의혁명 중이었다. 이 시기 인도 식민지 정부와 티베트의 지도자 달라이 라마 사이는 우호적인 관계로 발전했다.

제1차 세계대전 직전에 남·북극이 정복되었으며 1913년 여름에 인도의 캘커타(현재 이름 콜카타) 주둔 영국 육군 장교 노엘 John Noel 중위가 휴가를 이용해 티베트로 밀입국해 에베레스트 북쪽 70킬로미터 지점까지 접근했다.

제1차 세계대전이 종전되고 1919년 3월, 런던에서 왕립지리학회 정기집회에서 노엘의 티베트 비밀여행 강연회가 열린다. 이 자리에서 영국산악회 회장 패러John Percy Farrar가 에베레스트 등반을 선언한다. 이로써 앵글로색슨(스콧)이 바이킹(아문센)에게 참패한 남극의 비극을 설욕할 새로운 목표가 등장했다.

에베레스트 입산허가를 위해 1920년 6월, 영국산악회 회원은 아니었으나 카라코람 지역을 여행하고 1905년에 티베트를 몰래 여행한 경험이 있는 하워드-베리Charles Howard-Bury 육군

중령이 인도로 파견되었다. 그는 6개월 동안 체류하며 티베트 정부에게서 상당량의 군사 장비를 기증하는 대가로 에베레스트 입산허가를 받았다. 이에 고무되어 1921년 1월에 왕립지리학회와 영국산악회는 에베레스트위원회(Everest Committee)를 설립했다.

위원회는 1921년에 답사를 하고 1922년에 등정을 한다는 단순한 계획을 세웠다. 비용은 1만 파운드로 예상했다. 원정비용은 산악회와 지리학회 회원은 물론 국왕 조지 5세와 왕자, 인도총독 등 사회지도층 인사들에게서 기부금을 받아 충당했다.

당시(1920년대) 서구사회는 제1차 세계대전의 후유증으로 용광로처럼 들끓는 분위기였다. 야구의 베이브 루스, 재즈의 루이 암스트롱, 마피아 두목 알 카포네, 비행사 찰스 린드버그, 코미디언 찰리 채플린, 디자이너 코코 샤넬, 무용가 이사도라 덩컨, 음악가 조지 거쉰, 극작가 유진 오닐, 영화배우 그레타 가르보와 루돌프 발렌티노 등이 활약하는 대중과 호흡하고 대중의 공감을 얻을 수 있는 영웅과 사건이 필요한 시대였다. 이런 분위기가 세계최고봉 등반을 가능하게 했다.

답사대, 즉 정찰대의 대장은 입산허가를 받아온 하워드-베리가 맡았다. 그는 등산가는 아니었지만 조직을 이끄는 능력은 뛰어났다.

당시 히말라야 등반은 거대한 미지의 세계를 향한 전혀 새로운 발견의 여정이었다. 당시 그 여정의 주인공은 영국이었다. 엄밀히 따지자면 영국뿐이었다. 입산 허가를 위해 다른 국가들(독일, 이탈리아, 미국 등)이 티베트 정부에 접근하는 것을 영국이 막지 않았다면, 1953년 훨씬 이전에 에베레스트 등정이 가능했을 것이라는 것이 등산 역사가들에게는 정설로 통한다. 1909년에 K2(8,611m)를 등반한 이탈리아의 귀족 아브루치 공소은 원래 에베레스트 등반을 원했으나 인도식민지 정부의 권유 때문에 K2로 대상지를 바꿔야 했다.

그러나 역설적이게도 영국 등산가들은 알프스 등산 황금기(1845~1865)의 첫 10년을 군림했지만, 그 후 기술면에서 독일, 이탈리아, 프랑스의 등산가들에게 점점 뒤쳐지기 시작했다. 이런 상황은 제1차 세계대전 후에도 변함이 없었다. 심지어 1920년대의 영국 등산가들조차 동시대에 뒤떨어졌다. 에베레스트를 등반하는 데 기술적인 어려움은 많지 않았다. 에베레스트 등반은 기술보다는 결단력과 끈기가 필요한 등반이었다. 이 때문에 당시 영국등산가들이 에베레스트 등반을 시도하는 데 기술의 문제는 없었다.

1921년 원정(정찰)대는 하워드-베리 대장 외 8명으로 등반대와 측량대로 구성되었다. 원정대는 5월 18일에 인도 북부 다르질링을 출발했다. 서쪽으로 방향을 잡고 티베트를 가로질러 지도에는 없는 땅, 즉 지도의 공백부로 들어섰다. 측량대는 지도 제작 작업으로 바빴다. 등반대는 팅그리종Tingri Dzong을 거처 남쪽으로 90킬로미터 떨어진 에베레스트로 접근해갔다. 6월 25일 마침내 맬러리George Mallory와 블록Guy Bullock은 롱북 빙하에 도달했다. 6월 말부터 9월 하순까지 탐사가 계속 되었다. 맬러리는 노스콜(일명 창라, 7,010m)에 올라 등반 가능성을 발견했다. 만약 이때 남측에서 등반 가능성을 발견했다면 네팔 측으로 접근했을 것이다. 귀국한 원정대의 보고에 고무된 위원회는 이듬해 원정을 준비했다. 자금은 풍부했다. 런던 시민들도 에베레스트 등반에 호응했다. 그러나 실제 원정에서는 750파운드가 적자났다.

준비과정에서 산소의 필요성이 대두되었다. 학계에서는 '산소장비 없이는 올라가지 못할 것이다. 설사 올라간다 하더라도 내려오지 못할 것이다'라고 주장했다. 그래서 산소장비를 준비했다. 당시 채택한 산소장비는 옥스퍼드대학의 드레이어 G. Dreyer교수가 공군을 위해 개발한 것이었다. 대원들 중 절반이 출발 전에는 산소장비 사용에 반대했으나 산에서 산소의 위력을 체험한 후 산소장비 옹호자로 바뀌었다

1922년 3월 26일 원정대(브루스 대장 외 12명)는 다르질링을 출발했다. 에베레스트까지 직선거리로 약 160킬로미터에 불과했지만 시킴을 통과해 티베트고원을 올라가는 우회로를 택해 480여 킬로미터를 한 달 남짓 걸어갔다. 4월 30일에 롱북빙하에 도착했다. 베이스캠프를 설치하고 등반대장이 된 맬러리는 노스콜(제4캠프)에서 900미터 높은 북릉 8000미터 지점에 캠프(제5캠프) 하나를 더 설치하고 정상에 오르려고 했다.

5월 20일 맬러리, 소머블, 노턴, 모스헤드는 북릉 7600미터 지점에 제5캠프를 설치하고 8225미터까지 등반했다. 이 등반

은 인류가 에베레스트에서 등반한 최초기록이 되었다.

당시에는 고산에서 인체의 생리나 한계에 대한 지식이 전무한 상태였다. 등산가들은 자신들이 이 산을 과소평가했다는 것을 깨달았다. 그들은 에베레스트 등정을 한 번 시도해 보고 난 뒤부터 산소를 사용하기 시작했다.

2차 등반대인 핀치, 부르스, 테지비르는 5월 25일에 북릉 7800미터 지점에 제5캠프를 설치하고 이틀을 지내면서 산소의 효과를 체험했다. 그러나 6월 7일 마지막 등반시도 중 노스콜에서 발생한 눈사태로 셰르파 7명이 사망해 등반이 끝났다.

귀국한 원정대의 보고에 따라 에베레스트위원회는 셰르파들에게 사고가 났지만 고도등반 신기록, 고산에서 인체의 생리와 산소에 대해서 많은 것을 알게 되어 다시 등정을 시도하기로 결정했다. 그러나 이듬해(1923)에 다시 등반을 하기에는 시간이 충분치 않다고 판단하고, 1924년 등반을 준비하기 시작했다.

1924년의 등반은 에베레스트에서 시도한 본격적인 등반이었다. 1922년의 경험을 통해 어떻게 해야 이 거대한 산을 오를 수 있는지 알게 된 것이다. 이를 바탕으로 마지막 캠프에서 좋은 날을 기해 정상을 왕복한다는 포위전술(히말라야 시지택틱스)이 채택되었다. 산소장비도 개량되었다.

1924년 3월 25일, 브루스 대장 외 11명의 원정대는 다르질링에서 티베트를 향해 출발했다. 그들은 북쪽으로 히말라야산맥을 통과하는 일반적인 길을 택했다. 세르포 라Sarpo-La를 통과해 캄파종Kampa Dzong으로 간 다음, 그곳에서 서쪽의 팅그리 종Tingri Dzong으로 나아갔다. 다르질링 출발 직후 브루스 대장이 병세가 악화되어 등반대장이었던 노턴이 대장 직무를 대행했다. 따라서 등반대장은 맬러리가 맡았다.

그들은 4월 28일 롱북에 도착해 베이스캠프를 설치하고 5월 23일 노스콜에 진출했다. 첫 시도로 6월 3일에 노튼, 소머블은 무산소로 북릉의 제6캠프(8,168m)에서 출발해서 옐로우밴드를 넘어 북서벽을 가로질러 그레이트(노턴) 쿨르와르 8580미터 지점에 도달했다. 이 기록은 1952년까지 최고 도달 기록으로 유지되었다.

6월 8일 아침에 산소통을 휴대한 맬러리와 어빈Andrew Irvine이 북릉 제6캠프에서 출발해 북동릉을 따라 정상으로 향한 뒤 행방불명되었다. 이들을 마지막으로 목격한 오델Noel Odell은 12시경 제2스텝 부근을 오르고 있었다고 증언했다.

이때 행방불명된 맬러리는 "에베레스트가 그곳에 있기 때문에 간다(Because it is there)"는 명언을 남기고 에베레스트 등정을 위해 모든 것을 희생한 영웅이자 전설이 되어 불멸의 명성을 얻었다. 하지만 등정에 성공하려는 맬러리의 과욕 때문에 1922년 눈사태로 7명의 셰르파가 사망했고, 그의 보급판단 실수로 1924년에는 구르카 병사 2명이 동상으로 사망했다. 결국 맬러리는 자신과 어빈마저 죽음으로 내몰았다. 그 대가로 자신은 행방불명되어, 정상에 도달하기 위해 기꺼이 목숨을 걸고 어떠한 장애도 노력해서 극복한다는 의지의 상징이 되었다. 그러나 함께 등반한 동료들은 맬러리가 체력은 좋았지만 판단력이 떨어지고 건망증이 심해 책임자로서는 부적격했다고 평했다.

1924년의 비극은 역설적이게도 위원회의 재정을 흑자로 돌려놓았다. 이로써 그동안의 적자를 만회했다. 그러나 1924년에 일어난 비극적인 사건 후 티베트의 지도자 달라이 라마는 입산을 불허했다. 결정적인 이유는 당시 기록영화판권을 산 노엘이 티베트 승려 5명을 영국으로 데려가 영화상영 전에 종교적인 행사인 전통춤을 추게 한 것이 달라이 라마에게 알려졌기 때문이었다. 티베트정부는 영국 외무성에 공식적으로 항의했고 이후 9년 동안 입산허가를 받지 못했다.

1930년대는 대공황과 함께 전체주의가 득세한 세계적인 혼란기였다. 1929년 10월 24일에 미국 뉴욕 월스트리트 뉴욕주식거래소의 증시폭락으로 시작된 대공황은 전 세계로 파급되었다. 영국도 이를 피해 갈 수는 없었다. 1931년 국제 간 결제수단으로 통용되던 영국 파운드화가 파운드화 사용권 내로 제한되었다. 서구사회를 휩쓴 대공황은 수많은 실업자를 양산했다. 유럽대륙의 실업자들은 도피처로 알프스를 찾았다. 결국 알프스의 마지막 과제라고 하던 북벽 시대가 도래한 것이다. 그들은 죽기 살기로 산에 올랐다. 이 시대에 마터호른, 아이거, 그랑조라스를 비롯한 알프스 6대 북벽 중 드류만 빼고 모두 전체주의 국가인 독일, 오스트리아, 이탈리아의 등산가들에의해 초등반되었다. 또한 전체주의 국가들은 이를 정치에 잘 이용했다.

대공황 속에서 알프스에서는 치열한 북벽등반이 벌어지고, 히말라야의 낭가파르바트, K2, 칸첸중가에서는 독일과 미국 등산가들이 극적인 등반활동을 벌였다. 그러나 에베레스트에서는 별다른 진척이 없었다. 오히려 퇴보하는 조짐까지 보였다. 1930년대 에베레스트위원회는 대원선발에 관여해 등반에 영향을 미쳤기 때문이다.

1933년 원정대(러틀리지 대장 외 13명)에 참가한 브로클뱅크는 런던 클럽에서 한 노정객과 대화를 나눈 후 대원에 선발되었는데 그는 등산가라기보다는 조정선수로 유명했다.

또한 사회상류층 인사들이 등반대원으로 선발되어 결정적인 순간에 치명적인 실수도 했다. 군장교인 버니 대위와 보스태드 소령은 날씨가 좋은데도 개인적인 판단(감정)으로 세르파들에게 제5캠프(7,830m)까지 300미터 하산하라고 지시했다. 이 지시가 원정대의 전진을 결정적으로 지연시켰다. 하산 후에 해리스는 "빌어먹을 군인들!"이라며 불만을 터뜨렸다. 이후 사흘 동안 기후조건은 완벽했다. 더글러스*Ed Douglas*는 『텐징 노르가이*Tenzing Norgay*』에서 영국인들은 자신들의 기회를 스스로 날렸다고 서술하고 있다.

이 해의 등반은 5월 30일 북동릉 상 18미터 아래, 제1스텝에서 225미터 떨어진 곳(8,460m)에서 웨이저와 윈 해리스가 어빈의 피켈(빙설로 뒤덮인 경사진 곳을 오를 때에 사용하는 기구)을 발견했고, 제2스텝 바로 아래 지점에 도달해 등반이 쉽지 않다는 것을 확인했다. 6월 1일 십턴과 스마이스가 제6캠프(8,350m)에서 출발해 등반에 나섰으나 도중에 십튼이 위경련을 일으켜 제1스텝 부근에서 등반을 포기했다. 스마이스는 홀로 그레이트쿨르와르까지 진출했다가 되돌아온다. 이때 그는 높은 고도 때문에 발생한 환각 증세에 시달려야 했다.

1933년 원정부터 무전기를 사용했으며(무전사 2명 참가) 다르질링으로부터 기상예보를 통보받았다. 1936년 원정 시에는 각 캠프마다 무전기를 설치했다.

1935년에는 달라이 라마에게서 입산허가가 늦게나와 등정보다는 정찰로 목적이 변했다. 원정대는 십턴Eric Shipton을 대장으로 7명으로 구성되었다. 이 원정대에는 후일 에베레스트 초등정자가 되는 셰르파 텐징 노르가이가 당시 19세의 나이로 처음 선발되었다. 몬순의 눈 상태 연구와 주변의 6000미터 봉우리 26개를 오르고 노스콜에 도달한 것으로 등반활동을 끝냈다. 이때 유일하게 원정기가 발행되지 않았다.

1936년 영국은 북서벽에서 시도하는 전무후무한 대규모 원정대를 에베레스트에 파견했다. 원정대는 러트리지Hugh Ruttledge를 대장으로 10명으로 구성했으며 셰르파 23명을 동원했다. 비용도 1만 파운드에 달했으나 몬순이 일찍 시작되어 노스콜까지 등반하고 등정에는 실패했다. 그 때문에 서민들이 굶주리는 판국에 에베레스트 등산처럼 비생산적인 데에 돈을 낭비한다는 도덕적 회의감이 고조되기 시작했다. 일부 등산가들도 그렇게 생각했다. 에베레스트위원회도 파산위기에 몰렸다. 결국 참고 견딜 수밖에 없었다. 1936년 원정대원 선발에 1953년 초등정 시 대장이 되는 헌트Jhon Hunt가 지원했으나 경미한 심장 경련이 있다는 이유로 신체검사에서 탈락되었다.

1938년의 원정비용은 1936년 원정 비용의 4분의 1에 지나지 않았다. 원정대는 틸먼Harold Tilman을 대장으로 7명으로 구성했다. 이는 틸먼이 평소 추구한 소규모 원정대를 지향하는 그의 신조에 맞는 등반이었다. 그러나 이 등반 역시 조기(5월 초)에 시작된 몬순으로 6월 초 노스콜에 진출했으나 많은 눈 때문에 더 전진하기 곤란했다.

양차 세계대전을 전후해 영국은 일곱 차례에 걸쳐 에베레스트에 원정대를 보냈다. 1920년대에 세 차례, 1930년대에 네 차례 원정했다. 그 중 두 번은 답사를 위한 원정이었으며, 나머지 다섯 번 중 세 번은 일찍 도착한 몬순 때문에 무산된 원정이었다.

당시에 등산가들은 무거운 장비를 휴대하고 열악한 기후에서 보온 기능이 떨어지는 의복을 입었다. 비록 장비의 효능은 떨어졌지만 1953년의 장비보다 훨씬 가벼웠다. 높은 고도에서 생리적인 측면에 관한 정보도 아주 빈약했다. 거의 존재하지 않았다. 또한 옥스브릿지Oxbridge(옥스포드와 케임브리지대학)나 군 출신으로 대원을 선발했으며 대원들은 짐을 운반하지 않았다.

1920년대와 1930년대 영국등산가들이 정상에 도달하지 못함으로써 에베레스트는 신비한 산이 되었다. 대신 등산가들이 극한 상황에서 벌이는 사투는 널리 알려졌다.

공교롭게도 제2차 세계대전 직전인 1940년부터 1942년까지 폴란드가 해마다 등반을 시도하기로 내정되어있었다.

단독등반자들

에베레스트는 세계최고봉이라는 가치 때문에 일찍부터 단독으로 오르려는 사람들이 나타났다. 영국인 모리스 윌슨 Maurice Wilson이 그 최초의 인물이었다. 윌슨은 등산가는 아니었지만 종교적인 목적으로 등산을 시도했다. 그는 신경쇠약증과 결핵에 걸렸지만 두 달에 걸친 기도와 금식으로 기적처럼 건강을 회복했다. 윌슨은 건강을 회복하자 자신의 치유비결을 선교에 이용하는 것이 신의 소명이라고 생각했다. 윌슨은 1932년에 독일에서 요양 중 우연히 1924년 에베레스트 등반을 다룬 옛날 신문기사를 읽고 자신의 치유법을 홍보하기 위해서는 직접 에베레스트 등반에 나서야 한다고 결심한다. 그는 자신의 치유비결이었던 금식과 신앙으로 에베레스트에 오를 수 있다고 확신했다.

윌슨의 등산계획은 황당한 것이었다. 비행기를 이용해 에베레스트까지 간 뒤 롱북 빙하에 착륙해 걸어서 정상에 오른다는 것이다. 윌슨은 이를 위해 소형 복엽기인 '집시 모스'를 구입하고 조종술을 배우고 등반을 위해 5주 동안 영국암벽등반의 메카인 레이크 디스트릭트(잉글랜드 북서부 호수지방)와 웨일즈 북부의 스노우도니아 암벽지대를 돌아다녔다.

윌슨은 1933년 5월 21일에 영국항공부의 비행금지 통보를 무시하고 런던을 이륙했다. 그리고 이집트와 중동 상공의 비행금지를 용케 피해서 비행을 계속해 마침내 인도에 착륙했다. 하지만 그의 비행기는 인도정부에 압수당했다. 윌슨은 할 수 없이 비행기를 팔고 다르질링으로 갔다. 이듬해인 1934년 봄, 다르질링에서 티베트 입국 비자를 신청했으나 식민지정부는 비자발급을 거부했다. 결국 윌슨은 1933년 영국원정대에 참가했던 티베트인 포터 테왕 보티아, 그리고 린지 보티아, 체링 타르카이를 거액으로 매수해 불법으로 티베트에 입국하기 위해 출발했다. 그는 티베트 승려로 변장하고 밤에만 여행을 해서 4월초에 다르질링을 출발한지 25일 만에 롱북 사원에 도착했다. 그들은 그곳에서 보름 동안 휴식하면서 롱북 빙하와 동롱북 빙하의 세 군데에 캠프를 세웠다. 4월 하순 윌슨은 20킬로그램 무게의 배낭을 메고 혼자 출발했다. 그는 동롱북 빙하를 올라 제3캠프에서 5킬로미터 떨어진 곳까지 진출했으나 날씨가 나빠지고 몸이 아파 결국 9일간 롱북 빙하를 배회하다 롱북 사원으로 되돌아왔다. 그래도 그는 자신이 정상에 오를 수 있다고 확신하는 일기를 썼다. 3주 후인 5월 12일에 윌슨은 2명의 티베트인을 데리고 다시 출발했다. 티베트인의 도움으로 그는 사흘 만에 제3캠프(6,400m)에 도달했다. 윌슨은 그곳에서 지난해 남겨놓은 영국원정대의 식량을 발견했다. 이 발견은 그로 하여금 금식을 포기하게 했다. 푸짐한 식사를 할 수는 있었으나 악천후로 한동안 텐트에 갇혀 있어야 했다. 이 무렵 월

슨은 고산병에 걸렸다. 날씨가 회복되자 노스콜을 향해 출발했다. 나흘 동안 눈 위에서 자면서 올랐으나 12미터 높이의 빙벽에 가로막혀 등반을 포기해야 했다. 윌슨은 5월 25일에 제3캠프로 돌아왔다. 이틀 후 그는 티베트인들에게 제5캠프(7,600m)까지 동행해 달라고 설득했으나 거부당했다. 대신 제3캠프에서 윌슨을 사흘 동안 기다리기로 했다. 5월 29일, 윌슨은 이번에는 혼자 출발했다. 그리고 이듬해(1935) 7월 9일 영국원정대에 의해 제3캠프 위쪽에서 시체로 발견되었다. 시신과 함께 발견된 일기는 5월 31일로 끝나 있었다. 처음 목격한 찰스 워런은 발견 당시의 모습을 이렇게 일기에 기록했다. "시체는 무릎을 끌어당겨 구부린 자세를 하고 왼편으로 누워 있었다. 그는 엷은 자주색 풀오버와 회색 플란넬 바지, 모직 조끼와 속옷을 입고 있었다."

1934년 모리스 윌슨의 사망 이후 10여년 만에 또 한 사람의 에베레스트 단독 등산자가 나타났다. 브리트 얼 덴먼Brit Earl Denman이라는 캐나다 출신의 전기기술자였다. 등산의 동기는 달랐으나 그 역시 에베레스트에 혼자 오른다는 윌슨과 유사한 꿈을 가지고 있었다.

캐나다 출신이지만 영국에서 자란 덴먼은 리빙스턴 같은 아프리카 탐험의 영웅에 매료되어 아프리카 근무를 자원해 수단에 정착했다. 그리고 콩고와 르완다 사이의 국경에 있는 해발 4500미터의 비룽가 산맥의 8개 화산들을 등반하기 시작했다. 힘든 등산은 아니었으나 현지 가이드와 포터를 고용해서 혼자 올랐다. 비룽가를 오른 그는 세계최고봉 등반을 결심하게 되었다.

1947년 3월 중순 다르질링에 도착한 덴먼은 제2차 세계대전 전 에베레스트 원정대에 사다 겸 통역으로 참가했던 카르마 폴Karma Paul을 만났다. 그를 설득해 후일 에베레스트 초등 정자가 되는 셰르파 텐징 노르가이를 소개받았다. 그리고 텐징의 친구인 앙 다와와 함께 가기로 했다. 그들은 티베트 입국 비자가 없었으므로 비밀리에 준비하고 출발했다. 처음에는 과거 영국원정대가 지나간 길을 따라 갔지만 시킴을 지나 티베트에 가까워지면서 샛길을 택하고 마을도 피해갔다. 그래도 여섯 번이나 국경순찰대에 발각되었지만 용케 따돌릴 수 있었다. 그들은 다르질링을 출발한 지 17일 만에 롱북 사원에 도착했다.

4월 10일, 그들은 약간의 연료와 두 동의 텐트와 식량을 휴대하고 등산을 시작했다. 롱북 빙하와 동롱북 빙하를 따라 오르며 네 차례 야영을 하고 마침내 노스콜 부근까지 올랐다. 그러나 덴먼 역시 윌슨이 부딪쳤던 빙벽을 오르기 위해 무진 애를 썼으나 오를 수 없었다.

또한 부실한 장비와 식량 때문에 덴먼은 몸도 마음도 지치고 쇠약해졌다. 텐징은 덴먼에게 하산을 설득했다. 다행히 덴먼은 과감히 결단해 텐징의 말을 들었다. 보름 후인 4월 말 그들은 무사히 다르질링으로 귀환했다.

이듬해(1948) 덴먼은 더 많은 돈과 등산장비를 가지고 다시 다르질링에 나타나 텐징에게 에베레스트에 가자고 제안했다. 그러나 텐징은 등반허가가 없다는 이유로 동행을 거절했다. 다른 셰르파들 역시 동행을 거부했다. 결국 등반을 포기한 덴 먼은 모든 장비를 텐징에게 맡기고 아프리카로 돌아갔다. 텐 징은 1953년 에베레스트 정상에 그의 발라클라바(복면모자)를 쓰고 올랐다.

두 사람의 단독등반 이후 1951년 봄, 덴마크인 크래브스 베 커-라슨Klavs Becker-Larsen이 비공식으로 3명의 셰르파와 함께 쿰부 빙하를 거쳐 로라를 올라 롱북 빙하로 접근하려 했으나 급경사의 빙벽과 암벽으로 형성된 로라를 넘는 데 실패했다. 그는 결국 남체바자르로 내려와 낭파라(5,716m) 고개를 넘어 롱북 빙하로 접근해 노스콜 자락까지 갔으나 앞선 윌슨과 덴 먼처럼 노스콜에 오르는 데 실패했다. 그는 에베레스트 등반 을 남쪽과 북쪽에서 시도해본 최초의 인물로 기록되었다.

에베레스트 정복의 그날

남쪽에서의 도전

제2차 세계대전이 끝난 뒤인 1950년대 세계는 냉전의 시대였다. 1950년 2월에 소련과 중국은 중·소 동맹을 결성해 공산주의 연합전선을 선언했다. 동유럽이 공산화되고 미국을 필두로 한 자유 진영과 날카로운 긴장 상태로 대치했다. 냉전 상황은 필연적으로 군비경쟁을 불렀고 핵 시대가 도래했다.

히말라야에서는 1930년대 알프스에서 발전한 등반기술이 세상에서 가장 높은 고봉들을 정복하는 데 사용되기 시작한 시대이기도 했다.

제2차 세계대전 후 정치적 격변(동·서 냉전시대의 시작)으로 에베레스트 원정의 관례가 바뀌었다. 달라이 라마의 티베트는 1950년, 중국 공산군에 점령당해 '죽의 장막(bamboo curtain, 중국과 자유진영의 국가들 사이에 가로놓인 장벽을 중국의 명산물인 대나무에 비유하여 이르는 말이다)'에 둘러싸여 30여 년 동안 에베레스트 북쪽으로는 얼씬도 할 수 없게 되었다. 대신 남쪽의 네팔이 문호를 개방했다.

네팔은 9세기부터 14세기까지 인도의 지배를 받다가 1769년 구르카 왕조가 전국을 통일했다. 네팔은 1814년 영국과 벌인 전쟁에서 패배해 영국의 지배를 받았다.

1846년 코트 대학살로 권력을 잡은 융 바하두르Jung Bahadur가 라나Rana 직위를 차지하고 자신을 마하라자Maharaja(힌두교의 제왕으로 왕 중 왕이란 뜻)로 선언해 네팔 왕은 단지 명목상의 대표자로 격하되었다. 그 후 100여 년 동안 네팔은 라나 일족의 통치시대였다.

1846년 이래 네팔을 지배하던 라나 가문은 안전보장을 위해 영국과 타협하게 되었다. 1860년 네팔은 구르카 용병의 식민지 인도군대 편입과 외교권의 이양을 수용하는 대신 국내외에서 라나 체제 보호와 내정 불간섭을 영국에게 보장받는 협정을 맺었다.

그러나 1947년 인도가 독립하자 반反라나 운동이 일어나고 1951년 인도의 지원으로 트리부반 왕의 왕정복고로 이어졌다. 이러한 네팔정치의 변화와 혼돈 속에 소수의 서방 탐험가와 과학자들에게만 네팔 입국이 허용되었다. 이때를 놓치지 않고

스위스산악연구재단(Swiss Foundation for Alpine Research, 1939년 설립)
은 1949년부터 네팔정부에 에베레스트 입산 허가를 신청했다.
왕정복고로 수립된 새 정부는 영국과는 관계가 없었다. 스위
스의 입산신청은 곧 허가되었다. 당시 에베레스트 등반은
1953년 영국, 1954년 프랑스, 1955년 스위스 순으로 입산순
서가 정해졌다.

또 다른 변화로 제2차 세계대전을 분기점으로 등산가의 신
분이 변했다. 이전에는 상류층만이 에베레스트 원정대에 참가
할 수 있었으나 이후부터 노동자 계급도 원정대에 참가했다는
것이다. 스위스원정대의 레이몽 랑베르와 정식대원으로 합류
한 셰르파 텐징 노르가이와 영국원정대에 참가한 에드먼드 힐
러리가 그 대표적인 예다.

1950년 10월, 휴스톤Charles Houston을 비롯한 4명의 미국인
이 두드코시 강 상류를 거슬러 올라 남체바기르에서 영국의
틸먼을 만났다. 휴스톤과 틸먼은 셰르파 3명과 함께 서양인
최초로 쿰부 빙하에 접근, 푸모리(7,161m) 능선에 올라 쿰부 아
이스폴과 웨스턴 쿰을 정찰했다. 그러나 1921년에 맬러리가
로라(일명 쿰부라 Khumbu-La, 6,026m)에 올라 웨스턴 쿰을 내려다
보고 등반불가능이라고 판단한 것처럼 그들 역시 비관적인 결
론을 내렸다.

1951년 가을, 영국의 히말라야위원회(Himalaya Committee, 제2차
대전 후 에베레스트위원회가 개명)는 소규모정찰대(에릭 십턴 대장)를
쿰부 빙하로 파견했다.

이 정찰의 기원은 젊은 의사 워드Mike Ward가 히말라야위원회에 제안해서 시작되었다. 그러나 1950년 10월, 쿰부 빙하에 다녀온 위원인 틸먼은 아이스폴 등반이 불가능하다고 판단하고 파견을 반대했다. 하지만 워드의 치밀한 계획서와 설득에 위원회는 반신반의하며 지원을 결정했다. 대신 히말라야탐험대가 십턴을 참가시키는 조건이 붙었다.

정찰대는 8월 하순 인도와 네팔 국경의 조그바니를 출발해 9월 29일, 쿰부 빙하 끝에 도달했다. 다음날 9월 30일에 보딜런과 리디포드, 워드는 쿰부 아이스폴을 등반했다. 동시에 십턴과 힐러리는 웨스턴 쿰이 잘 보이는 푸모리에 있는 한 능선의 6100미터 지점까지 올라 웨스턴 쿰을 정찰했다. 이때 십턴과 힐러리는 등반가능성을 발견했다. 웨스턴 쿰 위쪽 로체페이스의 긴 사면을 올라 사우스콜로 횡단한 후 남동릉을 따라 정상에 오를 수 있다는 등반가능성을 발견한 것이다. 그러나 웨스턴 쿰으로 진입하기 위해서는 아이스폴이라는 두려운 장애물을 통과해야 했다.

10월 말까지 이들은 세 차례에 걸쳐 아이스폴을 등반한 끝에 웨스턴 쿰 초입까지 진출했다. 이로써 아이스폴을 돌파할 수 있다는 가능성이 열린 것이다. 그러나 이듬해(1952)의 입산 허가는 스위스산악연구재단이 받았다.

뒤늦게 이를 안 영국의 히말라야위원회는 스위스산악연구재단과 합동원정대 조직을 제안했다. 1951년 12월 말, 스위스 취리히에서 양측 관계자들이 만나 협의했으나 내셔널리즘 때문에 결렬되고 말았다.

1952년 스위스원정대

1952년 스위스원정대는 에베레스트 도전이 시작된 이래 사상 처음으로 쿰부 아이스폴을 돌파하고 웨스턴 쿰까지 도달했다는 점에서 에베레스트 등산사의 한 장을 장식했다. 비록 초등에는 실패했지만 남동릉 루트를 최초로 답파함으로써 에베레스트 등정 가능성에 한 걸음 다가서게 해 준 것이다.

스위스원정대는 한해 두 차례 등반을 시도했다. 그러나 모두 소규모 조직으로 등반을 시도했다. 봄에는 위스-듀낭(Edouard Wyss-Dunant) 대장 외 13명의 대원과 텐징을 사다로 23명의 세르파를 동원했다. 5월 28일에 랑베르와 텐징이 남봉(8,750m) 직전 8595미터까지 등반했다. 그러나 30일에 돌풍으로 등반을 중지해야 했다.

스위스 산악계는 봄철 등반 실패에 대한 미련과 다음 해(1953)에는 영국이 등반을 한다는 절박함 때문에 가을에 다시 등반을 시도했다. 1952년 이전에는 가을에 에베레스트 등반을 시도해 본 적이 없었다.

가을에는 봄에 대원으로 참가한바 있는 슈발리(Gabriel Chevalley 대장 외 6명으로 구성되었다. 11월 19일 사우스콜까지 진출했으나 이미 계절은 겨울이었다. 다음날인 20일 강풍 속에서 랑베르, 텐징, 라이스가 8100미터 지점까지 도달한 것이 끝이었다.

　두 번의 등반이 모두 실패한 결정적인 원인은 적절치 않은 등반시기 선택과 제네바스퍼를 넘어야 하는 등반 루트 때문이었다.

　웨스턴 쿰에서 사우스콜로 진출하는 등로상에 있는 제네바스퍼는 좌우로 두 개의 쿨르와르가 Y자처럼 갈라져있다. 왼쪽은 사우스콜과 바로 이어져 사우스콜쿨르와르, 오른쪽은 로체페이스와 이어져 로체쿨르와르라고 한다. 그러나 양쪽 쿨르와르 모두 얼음으로 덮여 있어 눈사태가 일어날 위험이 크다. 따라서 셰르파가 짐을 지고 오르기 어렵기 때문에 제네바스퍼를 올랐다. 그러나 제네바스퍼 위에 캠프를 설치할 만한 장소가 없고 작은 레지가 하나 있을 뿐이었다. 또한 40-50도 경사의 1000미터에 달하는 가파른 벽을 올라 사우스콜에 도달하면 체력소모가 크다. 그리고 가을 등반 시 제네바스퍼에서 셰르파 한 명이 낙빙에 맞아 사망했다. 이 때문에 뒤늦게 루트를 바꾸어 제네바스퍼 오른쪽의 로체쿨르와르를 올라 왼쪽으로 트래버스(비탈면을 횡단하는 일)해 사우스콜로 진입하는 루트를 택했다.

　현재까지도 이용하는 사우스콜에 이르는 가장 이상적인 루트를 발견한 것이다. 그러나 혹한과 강풍으로 사우스콜 이상 등반한다는 것은 불가능했다.

　봄 등반 시에는 몬순 직전 짧지만 맑은 날이 계속되는 기간을 포기하고 일찍 철수했다. 가을 등반 시에는 너무 늦게(9월 하순) 베이스캠프에 진입한 것이 실패한 가장 큰 원인이었다.

두 차례 등반한 주역은 스위스등산가이드 레이몽 랑베르 Raymond Lambert와 세르파 텐징 노르가이였다. 두 사람 사이에 언어(랑베르는 프랑스어, 텐징은 영어 사용)는 통하지 않았지만 등산이 직업이라는 공통점이 있었기 때문에 의기투합했다. 그리고 혼신의 힘으로 등반에 임했다. 그러나 그들의 초인적인 노력을 뒷받침해 줄 보급이 빈약했고 산소장비가 허술했다. 거기에 더해 운도 따르지 않았다.

스위스 산악계는 4년 후인 1956년 봄, 이웃한 로체(8,501m) 초등을 위해 원정대를 파견해 로체 초등과 함께 에베레스트 등정을 시도해 5월 23일과 24일, 이틀에 걸쳐 두 차례(2등과 3등) 등정을 기록했다.

1953년 영국원정대

1952년 스위스 원정대가 활동하는 동안 영국의 히말라야위원회는 1953년 등반준비에 착수했다. 특히 등정에 가장 중요한 산소통을 비롯한 특수 장비를 시험하고 개량했다.

원정대 구성을 위해 위원회는 그동안 정찰대를 이끈 십턴 대신 현역 군인이었던 존 헌트 대령을 택하는 도박을 했다. 히말라야위원회의 엘리엇Claude Elliot 회장을 비롯한 일부 위원들은 십턴의 1951년 가을 웨스턴 쿰의 부실한 정찰 결과와 1952년 봄 초오유(8,201m) 등반 시의 의지부족 등으로 지도력에 의문을 가졌다.

위원회는 에베레스트 정상까지 밀어붙일 수 있는 강력한 지휘자이자, 출발 전 영국에서 준비 작업을 조정할 조직자가 절실히 필요했다.

십턴은 제2차 세계대전 전에 네 차례나 에베레스트 등반에 참가했지만 등산가라기보다는 산악탐험가에 가까웠다. 그에게 산 정상에 오르는 것은 전체 경험의 일부이지 그 자체가 목적이 아니었기 때문에 적임자는 아니었다.

그래서 대안으로 조직력과 통솔력 있는 군인을 선발하자는 데 의견이 모였다. 처음에는 세 명의 군인이 거론되었다. 그들은 히말라야 여러 곳을 등반한 구르카군 장교 로버츠Jimmy Roberts 소령과 역시 구르카군 장교이자 가르왈히말라야 등반 경험이 있는 와일리Charles Wylie 소령, 알프스와 히말라야 등반 경험과 인도에서 복무한 적이 있지만 영국 산악계에는 알려지지 않은 헌트 대령이었다. 결국 헌트가 선택되었다. 헌트는 1936년 에베레스트원정대에 지원했으나 경미한 심장 경련이 있다는 이유로 신체검사에서 탈락한 경력이 있었다. 따라서 에베레스트를 전혀 모르는 인물은 아니었다.

헌트를 강력히 추천한 인물은 히말라야위원회의 사무국장이었던 굿펠로우Basil Goodfellow였다. 그는 헌트와 함께 알프스 등반을 해보는 등 그를 잘 알고 있었다.

대장에 추천되었던 남은 두 사람은 음으로 양으로 1953년 에베레스트 등반을 돕는다. 와일리는 런던에서 원정대 준비업무를 본 후 수송담당 대원으로 본대에 참가하고 로버트는 카트만두에서 뒤늦게 도착한 산소장비를 베이스캠프까지 운반하는 임무를 맡는다.

1952년 9월 11일에 열린 히말라야위원회 회의결과는 헌트와 십턴을 공동대장에 선임한다는 것이었다. 결국 십턴은 사임해야 했다.

위원회가 이런 결정을 내릴 수밖에 없었던 것은 그만큼 다급했기 때문이었다. 1953년에는 엘리자베스 여왕의 대관식이 거행될 예정이었으며 1954년에 프랑스, 1955년에 스위스가 에베레스트 입산허가를 받았기 때문에 1953년 등반기회를 놓치면 에베레스트 초등의 영광을 다른 나라 등산가에게 빼앗길 처지에 놓였다. 이 때문에 10만 파운드 이상의 엄청난 자금과 노력이 투입되었다.

에베레스트 등정은 물자보급 구조에 성공여부가 달려 있다. 1952년 봄 랑베르와 테짓의 시두에서 텐징을 포함해 된 4명의 셰르파와 스위스대원 3명이 사우스콜에 올랐다.

1953년에는 셰르파와 30명이 사우스콜에 올랐고 그들 중 6명은 두 번씩 올랐다. 이들은 두 번의 정상등정 시도를 위해 340킬로그램의 물자를 운반했다.

1953년 당시에는 카트만두에서 탕보체까지 수 백 개의 짐을 사람이 져서 운반해야 했다. 이를 위해 거의 1000명에 달하는 포터, 셰르파, 요리사, 메일러너(우편배달부)들이 참가했다. 이를 관리하는 일은 등정에 중요한 요인이었다. 이를 완벽히 수행한 이가 와일리였다.

와일리는 "(눈여겨 보아야할 것은) 에베레스트 등정 성공에 세르파들의 역할이 얼마나 중요했는가 하는 점이다"라고 훗날 밝혔다. 이 때문에 등산사학자들은 "1953년의 성공은 완벽한 준비와 팀워크에 바탕을 둔 일치된 노력에서 나왔고, 그 노력의 요체는 바로 텐징이었다"고 밝히고 있다.

등반준비에 생리학자 퓨Griffith Pugh 박사의 공헌도 빼놓을 수 없다. 인체의 고도 적응 방식은 여전히 풀리지 않는 수수께끼지만 그의 연구 덕분에 고소적응의 필요성과 이보다 더 중요한 탈수예방을 위해 수분을 다량 섭취해야 함을 알게 되어 원정대는 이에 따라 식량준비를 했다. 그리고 등반에 맞는 텐트 등산화, 의류 등이 특별 제작되었고, 개량된 산소장비를 준비했다. 그러나 등정에 성공한 가장 큰 동기는 전 대원이 성공하고 싶어하는 열망에 있었다.

헌트는 12명의 등산가와 36명의 세르파로 원정대를 구성했다. 참가한 등산가 대부분이 역대 영국에베레스트원정대의 전통대로 옥스브리지 출신이거나 군출신이었다. 다만 북부지역 출신인 알프 그레고리와 뉴질랜드 출신인 조지 로우와 에드먼드 힐러리, 그리고 사다인 텐징 노르가이만이 예외였다.

히말라야 등반경력을 보면 에번스, 보딜런, 그레고리, 힐러리, 로우는 초오유 등반대에, 그리고 워드는 의사로 1951년 정찰 시에 참가한 경험이 있었다. 그러나 이들 중 에번스만이 1950년 안나푸르나 IV(7,525m)봉에 오른 경험이 있을 뿐 그를 제외하고 7000미터 이상 오른 경험자는 없었다.

그리고 조지 밴드, 월프리드 노이스, 찰스 와일리, 마이크 웨스트마콧 등은 히말라야 초행길이었다. 결국 대장인 헌트가 가장 풍부한 경력자였다. 그는 카라코람의 살토로캉리(7,742m)의 7470미터까지 올랐으며 네팔 동부에 있는 네팔피크 남서봉(7,107m)을 초등했다.

그러나 결정적으로 중요한 경험자는 셰르파 사다 겸 대원으로 참가한 텐징 노르가이였다.

1953년 5월 29일, 그 날

영국원정대는 3월 초, 네팔의 수도 카트만두에 집결했다. 그리고 3월 10일에 카트만두를 출발했다. 원정대는 17일 동안 산록행진(일명 캐러밴)한 후 에베레스트의 남쪽 관문인 탕보체에 도달했다. 영국원정대는 이곳에 베이스캠프를 널치했다. 그리고 4월 초까지 주변의 봉우리를 오르내리며 고도순응을 했다. 4월 9일 탕보체 베이스캠프를 출발한 힐러리가 인솔하는 선발대가 사흘만인 4월 12일 쿰부 빙하의 에베레스트 베이스캠프에 진입했다.

에베레스트 초등루트 즉 남동릉 루트는 대략 다음과 같다. 첫째 장애물은 쿰부 아이스폴이다. 그 다음이 웨스턴 쿰으로 들어가는 루트로, 여기부터는 쉬워지지만 넓은 크레바스(빙하 속의 깊은 균열) 가장자리를 따라 한참을 걷고 나면 성벽 같은 눕체(7,864m)의 가파른 암벽에서 끊임없이 눈사태가 위협한다.

웨스턴 쿰이 끝나는 지점에 이르면 로체 빙하가 펼쳐진다. 로체 빙하는 거대한 계단처럼 가파른 빙벽과 플랫폼이 교대로 이어지면서 로체 정상 바로 아래까지 솟아 있다. 그 빙하 끝에 거의 다가서면 눈 덮인 경사면을 길게 트래버스해 사우스콜로 가야 한다. 사우스콜은 남동릉을 따라 정상에 오르기 위한 도약판이다. 남동릉 정상은 남봉을 넘어 862미터나 높이 솟아 있어 사우스콜에서 볼 때 남봉만 넘으면 정상에 오를 것 같은 착각이 든다.

원정대는 4월 하순부터 5월 초순까지 쿰부 아이스폴 돌파와 웨스턴 쿰 진입으로 시간을 보냈다. 로체페이스 진출을 시작한 5월 7일, 대장인 헌트는 베이스캠프에서 전 대원들에게 최종 전략을 설명했다. 우선 사우스콜까지 진출하는 것이 목적이다. 그 임무를 조지 로우에게 맡겼다. 로우는 뉴질랜드 출신으로 눈과 얼음에 관한 다양한 경험이 있기 때문이었다. 사우스콜까지 루트가 완성되면 노이스와 와일리의 감독하에 사우스콜까지 대규모로 물자를 수송할 계획이었다. 그리고 물자 수송이 완료되면 찰스 에번스와 톰 보딜런이 출발 준비를 해서 폐쇄순환식 산소기구를 메고 남봉 등반을 시도하도록 했다. 이때 헌트는 에번스와 보딜런에게 폐쇄순환식 산소기구로 남봉 등반을 시도하게 함으로써 정상공략의 길을 여는데 가장 중요한 정찰과 폐쇄순환식 산소기구 추종자인 두 사람의 희망을 동시에 만족시키려 했다. 이 당시 에베레스트 정상 직전 높이 250미터의 마지막 지대는 엄청난 장벽이었다.

에번스와 보딜런이 출발하고 하루 뒤에 힐러리와 텐징이 헌트와 그레고리, 셰르파 두 명으로 구성된 지원조와 함께 마지막 장벽을 오르기로 했다. 그들은 사우스콜 위 남동릉에서 최대한 높은 곳에 캠프를 설치한 후 힐러리와 텐징이 개방순환식 산소기구를 메고 정상에 오를 계획이었다. 그 후 헌트는 계획을 수정해서 자신과 셰르파 두 명이 에번스, 보딜런과 동행하기로 했다. 만일의 사태에 대비해 에번스와 보딜런을 직접 지원하는 동시에 최종 캠프 가까이까지 물자를 올려놓기 위해서였다.

한 달여 동안 고군분투한 끝에 5월 22일, 힐러리와 텐징이 와일리의 감독하에 13명의 셰르파가 사우스콜까지 올리는 물자 수송조를 도와 사우스콜에 진출하는 데 성공했다. 이로써 정상을 목전에 두게 되었다.

5월 26일 사우스콜에서 보딜런과 에번스는 한 시간 이상 지연한 후 정상 등정에 나섰다. 에반스의 산소장치에 문제가 생겨 수리를 해야 했고, 그날 오후 8400미터의 발코니에서 여과통을 교환할 때 그의 산소장치가 또 고장났다. 그러나 그때까지 두 사람은 한 시간 만에 390미터를 올라가는 놀라운 전진을 했다. 좋지 않은 날씨와 눈 상태, 그리고 전진을 더디게 하는 고장이 난 산소장치에도 두 사람은 오전 7시 30분에 사우스콜에서 출발해 오후 1시에 남봉에 당도했다.

그러나 등반을 계속할 산소와 시간이 부족했다. 결국 그들은 정상등정을 포기했다. 만일 그들이 정상까지 등반을 계속

했다면 아마 살아 돌아올 가망은 거의 없었을 것이다.

그들이 등반할 당시 헌트는 셰르파 다 남걀과 함께 가능한 한 높이까지 짐을 운반했다. 그때 헌트의 산소장치가 고장이 나 분당 2리터의 산소만 공급받았다. 분당 2리터의 산소는 짊어진 산소통의 무게를 감안해도 제대로 호흡하는 데 절반밖에 안 되는 분량이었다. 이런 악조건 속에서도 헌트는 8350미터까지 올라가서 짐을 내려놓았다.

5월 26일 밤 사우스콜에 바람이 몰아쳤다. 그 바람은 27일 오전까지 계속되었다. 정오가 지나 보딜런과 에번스, 그리고 헌트가 사우스콜에서 하산했다. 이제 사우스콜에는 텐징, 힐러리, 로우와 그레고리, 셰르파 앙 니마와 펨바 이렇게 6명이 남았다. 28일 오전 10시 로우, 그레고리, 니마가 출발했다. 불행하게도 펨바가 앓아누웠다. 11시 그 뒤를 따라 텐징과 힐러리가 사우스콜 위의 쿨르와르에 나 있는 로우의 발자국을 따라갔다.

대원들은 헌트와 다 남걀이 텐트, 식량, 등유, 양초, 그리고 반쯤 쓴 산소통들을 남겨둔 약 8350미터 지점에서 다시 모였다. 그곳은 텐징과 랑베르가 1952년에 텐트를 친 지점의 바로 위였다.

에번스와 보딜런은 이곳이 제9캠프를 설치하기에 너무 낮은 지점이라고 경고했기에 그들은 계속해서 나아갔다. 힐러리는 9킬로그램의 산소통을 그레고리에게 주고, 대신 그레고리가 운반하던 취사도구와 식량, 6킬로그램의 텐트를 받았다. 이

제 앙 니마 외에 모두 8100미터 지점 위에서 23킬로그램 이상
의 짐을 운반하고 있었다. 힐러리의 짐은 27킬로그램이 넘었
다. 로우는 장시간 앞장서서 걸었고, 다른 사람들이 뒤에서 비
틀거리며 걷는 동안 필요한 곳에 피켈을 휘둘러 스텝커팅(발판
깎기)을 했다. 무거운 짐 때문에 천천히 전진하며 시간을 끌자
야간에 텐트를 설치하게 되지 않을까 하는 우려가 커지기 시
작했다. 다음날 정상 등정시도를 위해 산소를 아껴야 했다.

그들은 이제 텐징과 랑베르가 도달했던 높이에 거의 다가
섰다. 힐러리는 텐징이 한해 전의 일을 거의 기억하지 못하리
라고 생각했다. 하지만 텐징은 지형을 정확하게 기억했다. 남
동릉의 눈 덮인 바위들을 오르면서 텐징은 그 너머에 야영이
가능한 장소가 있을 것이라고 생각했다. 텐징은 깊게 쌓인 눈
을 헤치면서 그 쪽을 향해 전진했다. 하지만 그곳은 야영하기
에 좁았다. 로우는 약간 더 높이 올라갔고 마침내 8425미터
지점 발코니의 오른쪽으로 작은 노두 아래에 있는 좁은 공간
을 찾아냈다. 정상까지 423미터가 남았고, 그들은 등반사상
가장 높은 야영지를 선택했다.

다른 사람들이 짐을 내려놓고 서둘러 사우스콜로 하강하는
동안, 힐러리와 텐징은 설면을 평평하게 고르기 시작했다. 피
켈로 눈을 파내고 밀어내는 동안 시간이 흘렀다. 오후 5시가
되어서야 두 사람은 텐트를 설치하기에 충분히 평평한 공간을
만들었다. 그때도 야영 준비가 다 된 것은 아니었다. 두 개의
테라스를 만들었는데, 한쪽 테라스가 6인치(15cm) 가량 높았지

만 그대로 사용해야 했다. 힐러리는 산소통들을 눈 속에 단단히 파묻고 텐트 당김줄을 거기에 동여맸다. 또 하켄(쇠못)이 부족했기 때문에 텐트 말뚝들을 바위틈새에 박아 넣었다. 그리고 나서 두 사람은 텐트 안으로 들어갔다.

그날 밤 그들은 뜨거운 레몬차, 수프, 커피를 끊임없이 마셔가며 정어리를 얹은 비스킷, 살구, 잼을 바른 비스킷으로 저녁식사를 푸짐하게 했다.

그들은 5월 29일 새벽 4시에 일어났다. 날씨는 더 없이 화창했다. 더 결정적인 사실은 바람이 잦아졌다는 것이다. 날씨는 매우 맑았다. 5180미터 아래의 직선거리로 20킬로미터나 떨어진 탕보체 사원을 텐징이 손으로 가리켰다. 그들은 눈을 녹여 마실 물을 만들고, 얼어붙은 등산화를 신느라 실랑이하고, 산소 공급 장비를 손보는 등 정상에 오를 준비를 끝내는 데 2시간 30분이 걸렸다.

그들은 6시 30분에 출발했다. 에번스와 보딜런이 남긴 발자국은 도움이 되지 않았다. 그들은 암벽 위주로 올랐기 때문이다. 두 사람은 설사면을 택해 올랐다. 오전 9시 남봉에 올라섰다. 그곳에서 보는 전망은 실로 장관이었다. 하늘 높이 치솟은 남봉(8,754m)의 정상에서 내려다보니 눈앞의 마칼루(8,463m)도, 뒤쪽의 칸첸중가(8,586m)도 한없이 작아 보였다. 발아래 계곡에는 말불버섯 모양의 조각구름들이 걸려 있었으나, 머리 위 하늘은 구름 한 점 없이 맑은데다 이런 고도에서나 구경할 수 있는 짙푸른 색을 띠고 있었고 실낱같이 가녀린 상층운이 동쪽으로 물러가고 있었다. 힐러리는 정상까지의 마지막 능선을 바라보면서 에번스와 보딜런이 내놓은 비관적인 예상이 떠올라 약간 불길한 예감이 들었다.

그들은 오르기 전에 잠깐 쉬었고 힐러리는 자신과 텐징의 산소통을 새것으로 교환했다. 힐러리가 앞장서서 안부로 내려가 능선으로 오르기 시작했다. 그동안 텐징이 뒤에서 확보를 해주었다. 눈처마가 무성하게 널려 있는 능선을 매우 조심스럽게 한 번에 한 사람씩 나아갔다. 그러다가 힐러리는 텐징이 상당히 뒤쳐져 숨을 헐떡거리고 있는 것을 보았다. 텐징의 산소마스크를 살펴보니, 배출구에 얼음이 얼어붙어서 산소를 제대로 흡입하지 못하고 있었다. 힐러리는 즉시 얼음을 제거해주고 다시 출발했다. 그들은 2000여 미터 아래의 웨스턴 쿰으로 떨어지는 아찔한 낭떠러지를 계속 의식하면서 발을 살금살금 내디디며 전진했다

가장 큰 난관은 능선의 수직암벽 구간(훗날 힐러리 스텝으로 명명)이었다. 언뜻 보기에 그 암벽은 요철이 없이 매끄러워 등반이 불가능해 보였다. 하지만 힐러리는 능선 오른쪽 바위에서 눈처마가 점점 벌어져나가면서 바위 사이에 틈이 생겨 있음을 발견했다.

나는 수직이지만 홀드가 있는 암벽을 마주보고 섰다. 등 뒤는 반짝이며 단단해 보이지만 여기저기 금이 가 있는 눈처마의 빙벽이었다. 나는 정면의 홀드(암벽을 올라갈 때 손

으로 잡거나 발로 디딜 수 있는 곳)를 하나 잡고 뒤의 빙벽
에 크램폰(빙벽을 오르거나 눈 위를 걸을 때 사용하는 발장
비) 한쪽을 박아 넣었다. 등에 멘 산소통을 빙벽에 붙이고
몸을 뒤로 기댄 후 힘겹게 천천히 몸을 위로 올렸다. 나머지
한쪽 발을 디딜 만한 곳을 찾다가 드디어 암벽에 난 조그만
레지를 발견해 발을 디딘 후 다른 다리의 무게를 조금 옮겨
실었다. 나는 눈처마에 등을 기대고 거칠어진 숨을 고르려
고 애썼다. 계속 내 마음 한구석으로 그 눈처마가 떨어져나
갈지도 모른다는 두려움이 밀려와, 신경이 바짝 곤두서 있
었던 것이다. 하지만 나는 몸을 비틀거나 밀어대기도 하고,
홀드가 될 만한 것은 모두 잡고 당기고 다리로 밀면서 힘겹
게 올라갔다. 오르는 도중 빙벽의 갈라진 틈으로 피켈을 가
까스로 박아 넣어 홀드 하나 없는 구간을 극복할 수 있었다.
그러다가 빙벽에서 구멍 하나를 발견하고 발 디딤으로 사용
했다. 그리고 다음 순간 암벽꼭대기로 몸을 끌어올려 안전
한 위로 올라갔다. 올라서서 보니 로프가 팽팽해져 있었다.
12미터짜리 로프였는데 충분하지 못했다. 텐징이 뒤따라 올
라왔다.

내가 로프를 단단히 붙잡고 끌어올려 주자 텐징은 그 틈
에서 몸을 비틀어대며 올라왔다. 마침내 꼭대기에 오르자
그는 기진맥진해 무너지듯 쓰러졌다.

나는 우리 둘의 산소 장비를 점검하면서 남은 산소량을
대략 계산해 보았다. 모든 것이 다 순조로워 보였다. 텐징은
자신의 산소장비의 고장으로 많이 긴장했던 탓인지 계속 움

직임이 더디긴 했으나 안전하게 등반을 하고 있었다. 어쨌든 속도보다는 사고 없이 등반을 하고 있냐는 사실이 더 중요했다. 컨디션이 어떠냐고 물어보자 그는 말없이 싱긋 웃으며 능선을 향해 손짓해 보이기만 했다.(Edmund Hillary, *High Adventure*, 1955.)

비로소 그들은 마지막 난관을 극복한 셈이었다. 마침내 오전 11시 30분 힐러리와 바로 뒤에 따라오던 텐징은 지상에서 가장 높은 곳에 당도했다. 갑자기 그들 주위의 모든 것이 아스라해 보였다. 에베레스트 북릉이 한 눈에 내려다보였다. 그리고 저 멀리 끝없이 펼쳐져 있는 티베트의 갈색 구릉지대는 물론, 동쪽으로는 칸첸중가, 서쪽으로는 빽빽하게 들어서 있는 히말라야산맥의 봉우리들까지 한눈에 들어왔다.

그날 이후: 1960년대부터 현재까지

1960년대

초등정자인 힐러리는 자신의 등정 이후 에베레스트 등반에 대한 일반의 관심은 멀어질 것으로 예상했지만 현실은 정반대로 전개되었다. 시간이 흐를수록 에베레스트 등반에 대한 관심은 오히려 증폭되었다. 1960년대에 접어들면서 에베레스트 등반은 국가차원의 행사로 변질되어 1980년대 초까지 20여 년이 넘도록 진행되었다. 이와 동시에 소규모, 개인화되는 양상도 보였다. 1990년대를 거치면서 등반의 가치가 대리만족에서 자기만족으로 바뀌면서 등반 열기는 더욱 뜨거워지고 있다.

초등정 직후 에베레스트 등반은 다른 8000미터급 봉우리 초등정 열기 때문에 한동안 뜸했다. 그러나 1960년대에 접어들면서 등반시도는 다양화되고 지속성을 갖추기 시작했다.

1960년대 에베레스트 등반의 상징은 1960년 봄 중국등반대가 노스콜과 북릉-북동릉을 통해 정상에 올랐다고 주장하는 물증 없는 등정과 1963년 봄 미국의 서릉등반이었다. 1966년 봄부터 1969년 여름까지 만 3년 4개월 동안 지속된 네팔의 등반금지 또한 1960년대 에베레스트 등반의 한 상징이었다.

중국의 등반은 중국과 소련(러시아)의 우호교류를 위해 합동등반을 준비했으나 1960년 중·소 관계 악화로 계획이 무산되자 중국 단독으로 시도한 것이다.

총 214명이 참가했으며 이중 등반대원은 40명이었다. 북동릉 상에 최종캠프인 제5캠프(8,500m)를 설치한 후 5월 24일 오전 9시 30분에 리우리엔만(劉連滿), 추원화(屈銀華), 왕푸주(王富注), 곰부(貫布) 등 4명이 정상등정을 위해 출발했다. 8700미터 지점까지 4명이 올랐으나 세컨드스텝 통과에 6시간이 소요됐다. 핵심부인 6미터 높이의 암벽지대 통과 시 추원화는 등산화를 벗고 올라 왼쪽 발가락 5개 전부가 동상에 걸렸다. 세컨드스텝 통과 후 리우리엔만은 탈진해 등반을 포기했다. 정상에 도달한 시각은 1960년 5월 25일 오전 2시 20분이었다. 이 때문에 정상에서 사진을 찍을 수 없었다고 한다. 중국은 공식으로 발표할 때에도 주변 지형의 묘사 부분이 상세하지 않았다. 정상에 마오쩌뚱(毛澤東)의 흉상을 남겨놓았다고 하지만 후에 정상에서 마오쩌뚱의 조각과 관련된 것이 발견되지 않았다. 그래도 중국정부는 여전히 북쪽에서 에베레스트에 올랐다고 주장하고 있다. 하지만 증거가 부족하고 등반보고서에도 불확실한 점이 많기 때문에 서구의 등산전문가들은 의구심을 갖고 있다.

1963년 미국원정대는 노먼 다이렌퍼스Norman Dyhrenfurth 대장의 개인적인 야심과 미국의 국력이 이상적으로 결합한 산물이었다. 노먼은 1952년 가을 스위스 에베레스트원정대에 참가한 경험과 다큐멘터리영화제작자로써 재능을 발휘해 당시로서는 거액인 40만 달러에 달하는 등반비용을 조달해서 대규모 원정대를 조직했다. 원정대는 히말라야등반 경험이 풍부한 대원이 많아 3월 하순(21일)이라는 이른 계절에 쿰부 빙하에 베이스캠프를 세웠다. 등반은 순조롭게 시작되었으나 3월 23일 아이스폴 돌파 중 브라이텐버거John Breitenbach가 얼음사태를 맞아 사망했다. 그러나 이들은 계속 등반해 4월 초 서릉등반조(혼바인, 언솔드, 비숍)는 웨스트숄더(7,254m)에 올라 서릉을 정찰했다. 이때 혼바인이 구상한 루트는 웨스트숄더에서 북서벽(티베트)으로 진입한 후 정상부와 연결되는 쿨르와르(현재 혼바인쿨르와르)를 통해 옐로우밴드까지 오른 후 서릉으로 붙어서 정상에 오르는 것이었다. 등반이 어려운 서릉의 핵심부는 피해서 오르지만 당시로서는 대담한 등반이었다.

그 사이 밑에서는 남동릉조가 다이렌퍼스 대장을 설득해 최우선 목적인 미국인 최초의 등정을 위해 등정시도를 두 번으로 늘리고 남동릉 등반에 전력을 기울이기로 결정했다. 따라서 서릉조의 등반은 중단됐다.

5월 1일, 휘테이커Jim Whittaker와 셰르파 나왕 곰부가 정상에 올랐다. 1차 등정이 끝나자 서릉등반이 재개되었다. 동시에 남동릉 재등도 재개되었다.

5월 15일, 언솔드Willi Unsoeld와 혼바인Thom Hornbein은 서릉의 7650미터 지점에 제4캠프를 구축하고 다음날 대각선으로 뻗은 쿨르와르를 오르고 북서벽의 가파른 설원을 횡단해 혼바인은 쿨르와르 하단부 8000미터 지점까지 진출했다. 두 사람이 오후 6시에 제4캠프로 귀환했을 때는 4인용 텐트 두 동이 추가 설치되고 배리 코베트, 알렌 오텐과 4명의 셰르파가 식사 중이었다. 그날 밤 자정 무렵 돌풍이 제4캠프를 강타해 이들이 잠들어 있던 두 동의 텐트가 설사면을 타고 흘러내리는 사고가 발생했다. 이들은 식량과 장비와 함께 뒤범벅이 된 채 설사면을 따라 40여 미터를 미끄러지다 움푹 파인 곳에서 멈추었다. 임시로 뒤집힌 셰르파들의 텐트 위로 찢어진 코베트의 텐트를 덮고 로프로 고정시킨 뒤, 셰르파들과 코베트가 들어가고 오텐은 혼바인의 텐트에서 밤을 지새웠다.

이튿날(17일) 셰르파들이 모두 제3캠프로 내려간 뒤 혼바인의 텐트마저도 강풍에 날려 설사면을 따라 미끄러져 내렸다. 이들은 극적으로 텐트에서 탈출했지만 거세게 불어대는 강풍 속에서 제3캠프로 퇴각해야 했다.

제3캠프로 철수했던 네 사람은 사흘 후 다시 등반을 시도했다. 이들은 5월 20일 텐트 두 동을 철거하고 5명의 세르파를 데리고 제4캠프로 다시 올라갔다. 다음날 코베트와 오텐은 세르파들을 위해 교대로 스텝을 깎으며 쿨르와르 하단부 옐로우밴드 아래까지 올랐다. 그곳의 작은 테라스(8,306m)에 2인용 텐트(제5캠프)를 설치하고 언솔드와 혼바인은 다음날 정상등반을 준비했다.

이들은 다음날 아침 늦은 시각인 7시에 출발해 50도 경사의 쿨르와르 구간을 지그재그로 스텝을 깎으며 등반했으나 4시간이 지났는데도 120미터밖에 오르지 못했다. 이어서 가파르고 푸석 푸석한 바위 층으로 악명 높은 옐로우밴드를 올랐다. 옐로우밴드를 오르려면 엄청난 힘과 고난도의 기술이 필요했다. 일찍이 이렇게 높은 곳에서 이렇게 어려운 장애를 넘어선 사람은 아무도 없었다. 옐로우밴드를 오른 두 사람은 이곳으로 하산할 수 있을지 확신할 수 없었다. 결국 정상에 올라 남동릉으로 하산하는 것이 최선이라는 결론을 내렸다. 서릉으로 방향을 잡아 등반을 계속했다. 날씨는 맑았지만 오후가 되자 강한 바람이 불기 시작했다. 부서지는 바위사면을 통과해 능선 위로 나왔다. 바위 능선 끝에 삼각형의 정상이 보이지만 정상은 그 뒤에 있었다. 석양이 정상을 마지막으로 비칠 무렵인 오후 6시 15분, 정상에 도달했다. 정상에는 20여 일 전에 오른 휘테이커가 설치한 성조기만 외롭게 펄럭이고 남동릉조는 보이지 않았다.

남동릉 조인 비숍Barry Bishop과 저스태드Luther Jerstad는 5월

22일 아침 8시에 마지막 캠프(8,360m)를 출발해 오후 2시경 남봉에 오르고 오후 3시 30분에 정상에 올랐다. 그러나 서릉조는 보이지 않았다. 그들은 45분 가까이 정상에서 체류하며 기다리다 하산했다. 결국 이들은 남봉 아래서 합류했다. 산소가 떨어진 지는 오래되었고 날은 어두웠다. 8500미터 지점에서 주저앉아 밤을 새우기로 했다. 바람이 안 부는 것이 그들에게는 행운이었다. 이들은 다음날 아침에 하산을 속행하다 사우스콜에서 올라오는 지원조를 만나 구조되었다. 언솔드와 혼바인은 에베레스트를 최초로 횡단한 기록을 세웠으며 저스태드는 정상에서 최초로 동영상을 촬영한 기록을 세웠다.

1970년대

1970년대 에베레스트는 최고봉답게 국력을 과시하는 장이 되어 대규모원정대(1970년 봄 일본등반대 39명, 1973년 봄 이태리등반대 64명, 동년 가을 일본등반대 48명, 1975년 봄 중국등반대 410명, 1976년 봄 네팔영국육군합동등반대 31명, 1979년 유고슬라비아등반대 31명 등)가 활약한 시대였다. 또한 '세계 여성의 해'를 상징하듯 1975년 봄, 두 명의 여성이 세계최고봉에 최초로 올라 에베레스트의 페미니즘 시대를 개막했다. 그리고 그해 가을 최대의 벽인 남서벽이 등정되었다. 1977년 가을에는 우리가 에베레스트에 최초로 오르기도 했다. 그러나 가장 큰 사건은 이듬해인 1978년 봄, 라인홀트 메스너와 페터 하벨러가 학자들의 예상을 뒤엎고 무산소로 에베레스트 정상에 오른 것이었다.

1975년은 여성의 지위 향상을 위해 전 세계가 제정한 '여성의 해'였다. 이를 상징하듯 에베레스트 여성등반이 남(네팔)과 북(티베트)에서 동시에 벌어졌다. 일본 여성 다베이 준코(田部井淳子, 당시 3살짜리 딸 하나를 둔 36세의 유부녀)와 티베트여성 판톡Phantog(潘多, 당시 3명의 자녀를 둔 37세의 유부녀)이 열하루 간격으로 정상에 오른 것이다. 다베이는 남동릉으로, 판톡은 북릉-북동릉으로 올라 남과 북, 양쪽에서 여성 초등정자가 나왔다.

순수여성으로만 구성된 일본여성원정대(히사노 에이코(久野英子) 대장 외 14명)는 1969년부터 에베레스트 등반을 준비했으며 23명의 셰르파를 동원했다. 5월 4일 오전 0시경 웨스턴 쿰에 설치한 전진 베이스캠프인 제2캠프(6,000m)에 눕체(7,855m)에서 발생한 눈사태가 덮쳐 사상자는 없었지만 일본여성원정대는 큰 피해를 입었다. 이때 다베이도 부상을 입었지만 그녀는 계속 오르기를 고집했다. 온몸이 멍투성이인데다 발목을 다쳐 제대로 걸을 수도 없어 거의 기다시피 해서 셰르파 사다 앙체링과 함께 5월 16일 정상에 올랐다.

중국은 1960년 등정을 서방세계에서 인정받지 못하는 데서오는 자괴감을 떨쳐버리고, 1971년 10월에 열린 유엔총회에서 가입은 물론 막강한 권한을 가진 안전보장이사회의 상임이사국이었던 대만을 몰아내고 상임이사국 자리까지 차지한 위상에 걸 맞는 위업을 국제사회에 과시할 필요가 있었다. 이를 위해 1975년 봄, 410명 이르는 대규모 등반대를 구성해 북릉-

북동릉 등반을 시도했다. 5월 27일에 9명이 정상에 올랐다. 이때 티베트여성인 핀톡이 함께 올라 여성 2등이자 북릉-북동릉 여성초등을 기록했다. 이들은 70분간 정상에 머물며 여러 가지 과학측정을 하고 초모룽마의 정확한 높이를 재기 위해 3미터 높이의 붉은 측량용 삼각대를 세웠다. 삼각대는 1975년 가을 남서벽으로 등반한 영국원정대에 발견되어 한동안 중국 등정의 선전물이자 정상의 상징물이 되었다. 또한 1977년 가을에는 우리 원정대의 정상등정을 증명해 준 결정적인 증거물이 되기도 했다.

에베레스트 남서벽은 정상에서 수직으로 뻗은 표고차 2150미터의 암벽이다. 1970년 봄부터 시작된 등반시도는 1975년 가을 6번째인 영국남서벽(크리스 보닝턴 대장 외 17명)원정대에 의해 초등반에 성공했다. 이로써 에베레스트 최대의 과제이자 히말라야 최대의 과제가 해결되었다.

1975년 영국남서벽원정대는 치밀하게 기획되었기 때문에 성공했다. 등반을 기획한 보닝턴 대장은 15톤에 달하는 등반물자를 부두노동자 파업 등으로 해상운송이 지연되는 사고를 피하기 위해 화물트럭을 이용해서 런던에서 카트만두까지 육로로 운송했다. 그리고 몬순 직후의 맑은 날씨를 이용하기 위해 전례가 없는 몬순 중 캐러밴을 감행했다. 이 때문에 몬순 기간인 8월 15일 쿰부 빙하에 베이스캠프를 설치하고 등반을 시작해 예정보다 빠른 9월 하순 각 캠프설치가 완료되었다.

9월 23일 새벽 3시 30분에 해스턴Dougal Haston과 스콧Doug Scott이 제6캠프(8,300m)를 출발해 록밴드 상단의 설전(snow field)을 가로질러 고정로프를 설치했다. 남봉 협곡을 올라 오후 3시 남봉에 도달했다. 원래는 남봉에서 1박을 하고 정상에 오를 예정이었으나 좋은 날씨를 이용하기 위해 1시간가량 남봉에서 눈굴을 파다가 정상등반을 감행했다. 오후 4시 정상등반을 시작해 오후 6시경 정상에 올라 남서벽 등반을 완수했다. 그들은 남봉에 파놓은 눈굴에서 밤을 새우고 다음날 오후 제6캠프로 귀환했다. 이로써 영국본토에 거주하는 토종 앵글로색슨에 의한 에베레스트 초등정이 이루어졌다.

이탈리아 등산가 메스너Reinhold Messner는 산소통의 힘을 빌어서 에베레스트에 오르는 것은 높이를 6000미터로 낮추는 것과 같다고 주장했다. 그러므로 "순수하고 공정한 방법과 수단으로 에베레스트(Everest by fair means)에 올라야 한다"고 주장했다. 그리고 이를 실천에 옮겼다.

1978년 봄, 오스트리아원정대(볼프강 나이르즈Wolfgang Nairz 대장 외 10명)에 소속된 하벨러Peter Habeler와 메스너는 일행과는 따로 행동하며 산소통을 사용하지 않고 1978년 5월 8일 오전 6시 30분에 사우스콜 캠프를 출발해 오후 1시경 정상에 도달했다.

이는 대기 기압이 3분의 1만 되어도 심한 신체장애가 일어나고 특히 뇌장애가 일어날 가능성이 있다는 의학자들의 예상을 완전히 뒤집은 것이다. 그로부터 30여 년이 흐른 2007년 봄까지 무산소 등정자수는 200여 명에 가까울 정도로 보편화되었다.

1980년대

1980년대 에베레스트는 냉전체재의 한 축이던 중국(티베트)이 개방해 1979년 가을부터 서방 원정대에 입산을 허가했다. 이로 인해 북서벽과 동벽(캉슝벽)에서 등반활동이 활발하게 벌어졌다. 이때는 대규모의 포위전술 등반과 알파인 스타일 등반이 혼재하던 혼돈의 시대였다. 또한 에베레스트 정상에서 TV생중계(1988)에 성공해 정보화 사회를 실증했다. 그러나 가장 큰 사건은 1980년 여름에 메스너가 북서벽으로 단독으로 등정해 전 세계를 흥분시켰다.

메스너는 1978년 봄, 무산소 등정에 성공하자 그 여세를 몰아 3개월 후 낭가파르바트(8,125m)의 디아미르 벽으로 단독 초등정을 했다. 그러나 그의 마지막 과제는 에베레스트 단독등정이었다. 이를 위해 중국 당국에 당시로서는 거액인 5만 달러의 입산료를 지불하고 1980년 여름 북서벽등반 허가를 받았다.

메스너는 단독등반에 유리한 심설深雪을 이용하기 위해 7월부터 롱북 빙하에서 몬순기간 중 맑은 날씨를 기다렸다.

마침내 8월 18일 오전 5시 메스너는 약간의 등반장비, 취사도구와 야영장비가 든 15킬로그램 무게의 배낭을 메고 노스콜 밑 캠프(6,500m)를 출발했다. 그날 노스콜을 올라 북릉 7800미터 지점에서 1박, 19일 북서벽을 가로질러 그레이트(노튼)쿨르와르 부근 8250미터 지점에서 2박, 20일 그레이트쿨르와르를 등반해 정상에 도달했다. 정상에서 하강을 시작한 지 3시간 만에 출발지로 귀환하고 3박 후 21일 노스콜 아래 캠프로 귀환해 3박 4일 만에 '위대한 등반'을 끝냈다.

에베레스트에서 1953년부터 1980년까지 25회의 정상등정이 있었으나 그 누구도, 단 한 번도 한 달 안에 등정을 끝냈거나 등산가와 셰르파를 합쳐 30명 이하인 적은 없었다. 네팔과 중국정부에서 허가를 제한한 원인도 있지만 결과적으로 메스너의 단독등정 이후 에베레스트 등반시도는 폭발적으로 증가했다. 이로써 에베레스트 등반의 포스트모던한 시대가 열렸다.

1990년대

1990년대는 냉전 종식과 지구환경문제, 그리고 인터넷의 일반화로 상징되는 시대였다. 1992년 6월, 브라질의 리우데자네이루에서 개최된 리우환경회의의 영향으로 에베레스트뿐만 아니라 히말라야 전체에 쌓인 쓰레기가 국제문제로 떠오른 것이다. 당시 에베레스트에도 150여 톤의 쓰레기가 쌓여 있었다. 1990년부터 베이스캠프(쿰부 빙하) 주변의 쓰레기를 치우기 시작해서 1994년 사우스콜에 쌓여있던 1000여 개의 빈 산소통까지 치우게 되었다.

환경문제는 결국 네팔정부의 에베레스트 입산규정 마저 바꾸게 했다. 1993년부터 한 계절에 4개의 원정대만 입산할 수 있고, 액수는 5배 올려 5만 달러로 책정한 것이다.

이 때문에 에베레스트 초등 40주년이었던 1993년 봄에는 무려 27개 원정대의 294명이 입산해 129명이 등정했다. 이는 40주년 기념 때문이 아니라 역설적이게도 가을부터 적용되는 새 규정에 기인한 것이었다. 그러나 이런 정책은 결과적으로 원정대수의 감소를 가져왔다. 결국 네팔정부는 3년 뒤인 1996년 봄에 다시 입산규정을 개정, 원정대 제한 규정을 철폐하는 대신 입산료를 7만 달러로 올렸다.

이 시기에 에베레스트에 남은 최후의 과제인 남서벽 동계 초등과 가장 긴 리지ridge(산능선)인 북동릉 전구간 등반이 이루어졌다. 그리고 늘어나는 상업등반대에 경종을 울리는 대량조난사고(1996)가 발생했다. 또한 20세기 초 북동릉에서 사라져 에베레스트의 상징적 존재가 된 맬러리의 시신이 1999년 봄 발견되는 것으로 에베레스트는 20세기를 마감했다.

상업등반대의 치부를 적나라하게 보여준 대량조난사고는 1996년 5월 10일 오후 3시경 정상에 불어 닥친 폭풍 때문에 일어났다. 당시 정상에서 남동릉으로 하산하던 미국과 뉴질랜드상업등반대의 안내인과 고객 5명이 사망했다. 전날인 9일 자정 무렵 30여 명이 사우스콜에서 1.6킬로미터 떨어진 수직 고도차 900미터의 정상을 향해 출발했다. 그러나 제때에 힐러리 스텝에 고정로프를 가설하지 못했고 산소통 보급 역시 제때에 이행되지 못한 것이 등반속도를 지연시켰다. 네팔 저지

대에서 발생해 오후에 쿰부 빙하를 따라 올라온 구름 대(폭풍)
에 노출되어 일어난 사고였다. 당시 사고는 남동릉뿐만 아니
라 반대측인 북동릉에서도 인도등산가 3명과 헝가리등산가 1
명이 사망, 모두 9명이 조난사 했다. 이로 인해 거액을 받고
에베레스트 정상에 올려주는 상업등반대의 실상을 전 세계적
으로 널리 알리는 계기가 되었다.

2000년대

2007년 봄까지 에베레스트에는 15개의 등반루트가 나있고
등정자수는 2800여 명에 달한다. 그리고 장애인, 고령자 등
별의별 희한한 신기록이 쏟아져 나오기 시작했다. 또한 아프
리카, 중동 등 제3세계국가 사람들이 정상에 오르는 것이 유
행하고 있다. 대신 기술적이고 도전적인 등반은 사라지고 있
다. 따라서 상업등반대 외에는 등반활동이 없다고 해도 과언
이 아니다. 또한 몬순 이후(가을)의 등반도 줄어들고 있다.

많은 등반대가 활동을 하다 보니 같은 루트를 오르기 위해
설치한 시설(픽스로프, 사다리)을 공동으로 사용하게 되었다. 특히
남동릉 루트의 아이스폴 통과에 이런 문제가 발생한다. 이 때
문에 2002년 봄부터 베이스캠프-제2캠프 구간의 아이스폴 사
다리를 네팔정부에서 설치, 관리하고 사용료를 받고 있다. 이
에 따라 등반 전에 남체바자르에 있는 관광청 산하 사가르마
타 환경감시국(SPCC, Sagarmatha Pollution Committee)에 사용료를 지

불해야 한다. 베이스캠프에는 4-5명으로 구성된 SPCC 소속 팀이 상주해서 등반기간 동안 아이스폴에 사다리를 설치하고 관리한다. 비용은 통과인원수와 계절별(봄, 가을)로 차이가 있다.

티베트 측인 북릉-북동릉 루트 역시 미국상업등반대가 2005년 봄부터 노스콜 자락(6,400m)부터 정상까지 고정로프를 설치하고 1인당 일정액수를 받고 있다.

2007년 봄, 네팔과 티베트 양쪽에서 오른 등정자수는 모두 514명으로 이 가운데 남동릉으로 249명이 올라 초등정(1953) 이후 최대 등정자수를 기록했다. 그 대신 늘어난 인원 때문에 에베레스트 주변은 생태계 훼손으로 몸살을 앓고 있어 이를 걱정하는 소리도 점차 높아지고 있다.

상업등반대

앞서 언급한 대로 에베레스트 등반 경험이 풍부한 전문등 산가들이 거액을 받고 일반인을 정상까지 올려주는 상업등반 대가 현재 성업 중이다. 상업등반대의 출현은 세계최고봉등반 이 국책사업에서 개인의 자아실현으로 변질된 것을 의미한다.

상업등반대의 기원은 7대륙 최고봉 등정의 일환으로 1985년 4월 30일 정상에 오른 미국의 딕 베스(당시 55세)에게서 시작되 었다. 그는 전문등산가가 아니라 전문경영인(CEO)이었다. 이 때문에 노르웨이등반대(아르네 네스 대장)에 많은 분담금을 내고 안내인(데이비드 브리셔스)과 동행해서 정상에 올랐다. 당시 노르웨이등반대는 단일 등반대 사상최고의 인원인 17명이 등정에 성공했다.

이듬해 1986년 스위스의 아이제린 스포츠에서 모집한 최초의 상업등반대(대장 F. 그라프)가 9월 25일 남봉까지 도달해 상업등반의 가능성을 실증했다. 그로부터 4년 후인 1990년 가을, 미국과 프랑스의 상업등반대가 등정에 성공했다. 이때 대량 등정에 성공해 본격적인 상업등반 시대를 개막했다. 1990년대는 상업등반대가 활발히 활동했다. 초기에는 거의 네팔 측인 남동릉을 선택했다. 티베트 측인 북릉-북동릉의 최초 상업등반대는 1994년 봄 미국의 에릭 시몬슨Eric Simonson이 시도한 등반대로 5월 19일부터 31일까지 4차례나 정상등정에 성공해 북릉-북동릉 상업등반의 가능성도 실증했다.

그러나 본격적인 상업등반은 뉴질랜드의 롭 홀Rob Hall과 개리 볼Gary Ball이 설립한 어드벤처 컨설턴츠Adventure Consultants가 1992년 5월 12일에 9명의 고객을 정상에 올린 것을 기원으로 보고 있다.

1994년 5월, 한 상업등반대가 티베트(북동릉)측 등반료는 4만 달러, 네팔(동남릉)측은 6만 달러의 요금을 책정하고 광고를 시작했다. 이후부터 수많은 상업등반대가 에베레스트의 남쪽과 북쪽에서 등반을 시도했다. 그리고 1996년 5월 10일에 정상 등정 후 하산 길에서 일어난 대형 조난사고로 에베레스트 상업등반을 세계적으로 광고하는 역효과를 가져왔다.

현재 상업등반대는 크게 두 가지 부류가 활동하고 있다. 고객을 정상까지 안내해 등정까지 시켜주는 방식과 정상등정에 필요한 보급품과 셰르파, 그리고 캠프를 제공하고 정상등정은 고객이 알아서하는 방식이 있지만 점차 정상까지 안내해주는 방식으로 변하고 있다.

상업등반대의 성공요인으로 강력한 셰르파의 헌신적인 지원, 계산된 고도순화, 다루기 쉽고 가벼운 러시아제 산소통, 정확한 기상예보를 꼽고 있다.

봄마다 100명 이상이 대량등정을 하고 고령 등정자 기록이 갱신되는 것은 모두 상업등반대 때문에 가능하다. 상업등반대가 히말라야 등반의 대중화에 기여하는 긍정적인 면도 있지만 많은 사람들이 몰리다보니 대량조난의 위험이 항상 도사리는 부정적인 면도 있다. 1996년 봄, 대량조난사고에 이어 10년 후인 2006년 봄에도 역시 11명이 사망한 조난사고가 이를 실증하고 있다.

상업등반대의 성장은 우연의 일치로 소련연방붕괴와 함께 진행되어 왔다. 첫째, 소련 공군이 사용하던 경량의 효율적인 산소통이 민간용으로 전용되어 에베레스트 등반에 사용된 것이다. 둘째, 안정성이 우수한 소련군의 대형 군용 헬리콥터가 히말라야에서 활약하기 시작했다. 따라서 접근과 물자 수송이 용이해졌다. 마지막으로 인터넷의 일반화로 정확한 기상예보를 쉽게 수신할 수 있게 된 것이다.

지구 온난화와 무산소 등산

　지구의 온난화로 얼음의 보고인 남·북극은 물론 안데스·알프스·히말라야 등지의 빙하와 만년설도 녹아내리고 있다. 이런 원인 중 가장 큰 이유는 대기오염 때문이라고 한다.

　화석연료(석유)의 사용 증가로 대기가 오염되어 온실효과(온실가스)가 일어나 지구의 자정능력이 원활히 작동하지 못한다는 것이다. 또한 인간이 만들어내는 온실가스가 아닌 우주에서 지구로 쏟아지는 미립자와 방사선 등 우주선宇宙線(Cosmic rays)의 변화 때문이라는 주장도 있다. 또 다른 주장으로 지구가 소小빙하기 전의 기후로 돌아가는 과정이라는 주장도 있다. 소빙하기란 14~15세기부터 19세기 중반까지의 몇 백년간을 의미한다. 소빙하기 전에는 영국에서 포도를 재배했고 지금은 동토凍土인 그린란드에 상륙했던 바이킹족이 농업과 목축을 했다. 그러나 갑자기 추위가 닥쳐 소빙하기가 되었다는 것이다.

　아무튼 지구의 양극과 고산에 있는 빙하와 만년설의 역할은 태양열 중 일부를 지구 밖으로 돌려보내 지구온도를 적절하게 유지시키는 것인데 얼음이 급속히 줄면서 지구온난화에 일조를 하고 있다.

　남극대륙은 대형 빙붕水棚이 소멸되고, 북극은 유빙 3만 4천 평방킬로미터가 소멸되어 1세기 전보다 60%가 줄었으며 그린란드는 해마다 1미터씩 얼음두께가 얇아지고 있다. 안데스 지역인 페루 고산지대는 빙하가 1년에 30미터씩 감소하고 있다. 알프스는 1850년 이후 빙하면적 40%가, 코카서스(카프카즈)는 지난 세기(20세기)에 빙하의 절반인 50%가 감소했다. 적도에서 유일하게 얼음을 볼 수 있는 케냐(킬리만자로)에서는 92%의 빙하가 소멸되었다. 세계적인 미국의 환경단체 '월드워치'는 히말라야에서 1년에 20미터씩 빙하가 감소하고 있다고 경고하고 있다.

그러나 이런 불길한 현상과는 반대로 지구의 산림은 더 울창해지고 있으며 대류권이 높아지고 있다는 이율배반적인 보고도 있다.

과학자들의 연구에 의하면 1980년 이후 높아진 기온과 늘어난 강수량 때문에 지구전체식물이 약 6%가량 증가했으며, 증가의 40% 이상은 아마존 우림 지역에서 발생한 것이다. 아무튼 이로 인해 온실효과의 주범인 이산화탄소를 산소로 변하게 해 전 세계 산소생산량을 늘리는 효과도 있다고 할 수 있다.

또한 온난화로 설선雪線은 점점 높아지고 있지만 온실효과가 공기부피를 변하게 해서 1980년 이후 대류권(지상에서 1만 미터 높이까지의 공간으로 대류현상이 일어나기 때문에 기상현상이 일어나는 곳)의 높이가 수백 미터나 높아졌다는 것이다. 따라서 이 두 가지 현상이 확인되지는 않았지만 에베레스트의 무산소 등반에 어느 정도 영향을 주었다고도 볼 수 있다.

이러한 가설을 뒷받침하는 또 다른 이유는 히말라야산맥처럼 대륙의 판과 판이 만나 암석이 쌓이는 지역에서는 질량이 증가하기 때문에 중력이 높아 공기의 밀도도 그만큼 높아진다는 사실이다.

현재 에베레스트 무산소등정자는 대류권이 높아지기 시작한 시기와 비슷한 1978년 5월에 라인홀트 메스너와 페터 하벨라가 성공한 이후 200여 명에 가깝다.

지구의 온실효과로 큰 피해가 예상되지만 에베레스트 무산소 등반에는 다소 유리한 작용을 한다는 양면성이 씁쓸하게 한다.

또한 이러한 사실을 발표한 미국은 온실가스 최대 배출국으로 전체배출량의 4의 1을 차지하고 있으나 미국정부는 책임을 지지 않으려고 해서 세계 각국의 지탄을 받고 있다. 그런데도 미국인은 에베레스트 상업등반대에 가장 많이 참가하는 아이러니를 보이고 있다.

우리의 에베레스트 등정

우리의 에베레스트 등반은 일본의 에베레스트 등정(1970년 봄)에 자극 받아 이듬해인 1971년 봄, 대한산악연맹이 네팔정부에 에베레스트입산신청서를 제출한 데서 시작되었다. 1973년 네팔정부에게 입산허가를 받은 대한산악연맹은 5년간의 준비 과정을 거쳐 당시 금액으로 1억 3000만 원이 넘는 비용을 조달해 '77한국에베레스트원정대(김영도 대장 외 18명)를 구성했다. 8월 9일 쿰부 빙하에 베이스캠프를 설치하고 남동릉 루트를 택해 등반을 시작해 한 달여 만에 사우스콜에 진출했다. 제1차 등정조로 박상렬 등반대장과 셰르파 앙 푸르바가 선발되었다.

9월 8일 오전 6시 30분. 박상렬과 셰르파 앙 푸르바는 남동릉의 제5캠프(8,510m)를 출발, 정상으로 향했다. 그러나 눈이 많이 쌓여 전진은 더뎌졌다. 예정보다 늦은 오후 1시 45분에 남봉(8,750m)에 올랐다. 등반을 계속해 힐러리 스텝(8,800m)을 오르던 중 산소가 떨어졌다. 그러나 힐러리 스텝을 오르자 산소 없이는 등반이 불가능하다는 것을 체험했다. 결국 하산해야 했다. 이때가 오후 5시였다. 남봉을 지나자 어두워졌고 결국 남봉 아래서 밤을 새우고 다음날 아침, 사우스콜에 도착했다. 이때의 실패 원인은 신설 때문에 체력소모가 컸으며 전날 수면 시 산소를 사용하지 않은 것이 결정적인 요인으로 작용했다.

탈진한 박상렬의 하산과 치료, 부족한 산소통의 보급 때문에 재시도는 1주일 뒤로 연기되었다.

9월 15일 오전 5시 30분, 고상돈과 세르파 노르부가 제5캠프를 출발했다. 앞서 시도한 박상렬이 다져 놓은 눈길 덕분에 오전 9시 30분 남봉을 통과하고 힐러리 스텝까지 순탄하게 등반했다. 마침내 정상에 오른 고상돈은 정상부를 서성이다 발에 걸리는, 1975년에 중국등반대가 설치한 삼각대를 발견했다. 눈 속에 묻힌 삼각대의 윗부분은 이미 부러져 있었다. 그제야 정상임을 확인한 고상돈은 무전기를 잡았다. 1977년 9월 15일 낮 12시 50분, 마지막 캠프를 떠난 지 7시간 20분 만이었다.

당시 이 등정을 두고 일부 서구 언론은 "한국원정대는 28명의 셰르파를 동원, 사우스콜 이상 오른 한국인은 등정자 외에는 없다. 따라서 셰르파들이 등반을 대신해 개발도상국(후진국) 등산가들이 세계에서 8번째로 정상에 올랐다"고 폄훼 보도하기도 했다.

  당시 우리원정대가 준비한 산소통은 모두 100통이었으나 그중 절반인 50개의 산소통이 조절기(레귤레이터)와 규격이 맞지 않아 정상등정이 무산될 위기에 놓였다. 다행히 아이스폴에서 1974년 가을, 프랑스원정대가 눈사태로 분실한 것으로 추측되는(조절기와 규격이 맞는) 산소통 13개를 주워 위기를 넘겼다. 따라서 우리 등산가들이 사용할 산소통의 여유가 없어 사우스콜에 진출할 수 없었던 것이지 결코 능력부족으로 사우스콜 이상 진출하지 못한 것은 아니었다. 이런 문제가 불거진 것은 우리원정대와 계약한 용역업체의 대표인 체니Mike Cheney 때문이었다. 그는 캐러밴 시 필요한 포터를 공급하기로 계약하고 계약금까지 받았으나 충분한 숫자의 포터를 공급하지 못해 원정대원들이 나서서 직접 포터를 모집해 카트만두에서 베이스캠프까지 천신만고 끝에 짐을 운반했다. 그래서 우리 원정대는 계약을 위반한 용역업체에 잔금을 지불하지 않고 귀국했다. 이 때문에 감정이 격해진 체니가 모국인 영국의 산악전문잡지(클라이밍과 마운틴)에 위 내용의 기사를 게재한 데서 기인한 것이다.

  1977년 에베레스트 등정부터 2007년 봄까지 30년 간 61개의 등반대가 등반을 시도해 95명(중복 등정자를 빼면 89명)의 등정자를 배출했다. 이 중 여성 등정자가 7명이나 되는 기록을 세웠지만 등산사적으로 볼 때는 내세울 만한 등반이 없다는 게 현실이다.

에베레스트에 처음 오른 1977년 등정은 마나슬루(8,163m) 참사(1972)를 비롯해 수차례 히말라야 원정이 실패를 거듭해서 히말라야 등반이 사회적으로 불신을 받고 있을 때 등정에 성공해 분위기를 반전시키는 데는 성공했으나 과열된 분위기는 오히려 독이 되어 다음 히말라야 등반을 시도하는 데 큰 부담이 되었다.

에베레스트 등정은 국내외에서 개발독재로 비난받고 있던 위정자에게는 정치에 이용할 수 있는 큰 선물이 되었다. 에베레스트 등정은 등산이 국내정치에 이용된 첫 사례이기도 했다.

그러나 2년 후인 1979년 6월 등정자인 고상돈이 미국 알래스카의 매킨리(6,195m)에서 조난 사망하자 빈자리를 채울 영웅이 필요했다. 이 때문에 에베레스트를 다시 오를 명분이 생겼다.

그러나 1977년보다는 한 단계 발전한 형식의 등반을 해야 했다. 이를 위해서는 루트가 어렵거나 계절이 달라야 했다. 이런 필요조건에 맞게 공교롭게도 당시 네팔정부는 한 계절에 한 등반대에게만 에베레스트 등반허가를 내주었다. 이를 피하기 위해 신청이 저조한 겨울을 택할 수밖에 없었다. 1984년부터 시작된 에베레스트 등반시도가 1987년 12월 22일 허영호가 동계 등정할 때까지 4년 동안 7개의 등반대가 등반을 시도했다. 그 중에는 결과만을 위한 부실한 등반대가 과반수를 차지했다.

1987년 동계등정의 과제가 해결되어 남서벽 등반이 가능해

지고 1992년 중국과 맺은 수교로 티베트 측으로 등반이 가능해지자, 북릉-북동릉 루트 등반이 새로운 과제로 떠올랐다.

1989년 가을에는 서릉을 등반했다는 낭보가 발표되었으나 불확실한 등정사진과 하강이 불가능한 서릉으로 하강했다는 데 대한 구체적인 정황 설명이 없어 의심을 받고 있다.

1993년 4월 13일 북릉-북동릉(티베트)으로 등정한 허영호는 남동릉(네팔)으로 하산해 사상 두 번째로 에베레스트 종단에 성공했으나 네팔 당국의 허가 없이 하산해 비공식 등반으로 기록되었다. 이어 여성등반대(지현옥 대장 외 13명)가 5월 10일에 남동릉으로 지현옥, 최오순, 김순주가 등정해 한국여성 초등정을 기록했다.

1995년 10월 14일에는 김영태, 박정헌이 남서벽 3등에 성공했다. 1985년 이래 6차례에 걸친 시도 끝에 얻은 상처뿐인 영광이었다. 1999년 가을에 동벽(상남벽) 능반을 시도했으나 역부족으로 등반에 실패했다. 이후부터 한동안 남동릉과 북릉-북동릉으로 정상에 오르는 단순한 등반만이 해마다 반복되었다.

초등 30주년인 2007년 봄에는 6개의 등반대가 에베레스트에 몰렸다. 3극점을 정복해 '그랜드 슬램'을 달성한 박영석이 에베레스트에 최초의 한국인 루트를 낸다는 야심찬 목적으로 남서벽 등반을 시도했으나 눈사태로 2명의 대원이 조난사하는 비운을 맞아야했다.

특이한 기록으로 60대 이상의 고령자로 구성된 '실버'등반

대(김성봉 대장 외 12명)는 남동릉으로 등정에 성공해 한국인 최
고령기록(김성봉, 66세)을 수립했다. 또한 북릉-북동릉으로 등반
을 시도한 경남등반대(김재수 대장 외 20명)는 무려 12명이 등정
하는 진기록을 수립하기도 했다. 이때 한국인 최고령 여성등
정(송귀화, 59세) 기록을 수립하기도 했다.

기록으로 보는 에베레스트 이야기

에베레스트 등산 역사는 최고봉답게 양이 많아 제한된 지면에 전부 닮기는 여부족이다. 따라서 어떤 것을 빼야하는지 고심해야 했다. 이와 함께 이색적인 기록도 속출하고 있다. 이를 보완하는 차원에서 진기록 중에서도 몇 가지만 간추려 보았고 초등정부터 현재까지 주요 등반기록들을 정리해 보았다.

에베레스트 등정 진기록

최다 등정자

세르파 아파Apa는 1990년 5월 10일에 남동릉을 통해 처음 정상에 오른 이후 2007년 5월 16일까지 17차례나 정상에 올랐다.

최단시간 등정자

①남동릉

베이스 캠프에서 남동릉을 통해 정상(고도차 약 3500미터)까지 가장 짧은 시간에 오른 최초 기록은 프랑스의 마르크 바타르 Marc Batard로 1988년 9월 26일 22시간 30분이 소요되었다.

2004년 5월 20일 세르파 펨바 도르지Pemba Dorge가 오후 6시 베이스캠프를 출발 남동릉을 통해 다음날(21일) 오전 2시 10분에 정상도달 최단시간(8시간 10분 소요)을 기록했다.

②북능-북동릉

1996년 5월 24일. 오스트리아의 H. 캄머란드가 룽북빙하의 베이스 캠프에서 23일 오후 5시에 출발해 노스콜을 경유, 북릉-북동릉을 따라 다음날 오전 9시 45분 정상에 올라 총 16시간 45분이 걸려 최단시간 기록을 세웠다.

최장시간 정상체류

세르파 바부 치리Babu Chiri는 1999년 5월 6일 오전 10시 55분에 정상에 올라 텐트를 치고 다음날 오전 8시까지 21시간 체류한 뒤 하산했다.

최고령 등정자

남성으로는 일본의 야나기사와 가쓰스케(柳澤勝輔, 71세 2개월 2일)가 2007년 5월 22일 북릉-북동릉으로 등정해 최고령 등정기록을 수립했다.

여성으로는 일본의 쇼코 오타(大田祥子, 63세)가 2004년 5월 20일에 북릉-북동릉으로 등정해 여성최고령 등정자가 되었으나 하산하다 세컨드스텝에서 실족사했다.

한국인으로는 2007년 5월 18일, 실버원정대의 김성봉(66세)이 남동릉으로 등정해 최고령자 등정 기록을 수립했다. 여성은 2007년 5월 17일 북릉-북동릉으로 등정한 송귀화(59세)가 최고령기록을 수립했다.

최연소 등정자

네팔의 템파 치리Temba Tsheri가 2001년 5월 23일 16세 17일의 나이로 남동릉을 통해 등정해 최연소 등정자가 되었다.

여성으로는 미국의 사만다 라슨Samantha Lason이 2007년 5월 17일 18세의 나이로 남동릉을 통해 정상에 올라 최연소 등정자가 되었다. 동시에 부녀 등정기록도 세웠다.

한국여성으로는 1993년 5월 10일에 남동릉을 통해 정상에 오른 김순주가 당시 23세로 최연소 등정자이다.

시각 장애인 등정자

맹인인 미국의 에릭 웨헨메이어Eric Weihenmayer가 2001년 5월 25일에 남동릉으로 등정했는데 함께 오른 일행의 옷에 단 방울소리로 방향을 잡아 정상에 올랐다.

양발 의족 등정자

뉴질랜드의 양발 장애인 마크 잉글리스Mark Inglis가 의족을 장착하고 2006년 5월 15일에 북릉-북동릉을 통해 정상에 올랐다.

패러글라이더 하강

프랑스의 장-마르크 부아뱅Jean-Marc Boivin이 1988년 9월 26일에 정상에서 패러글라이더로 웨스턴 쿰의 제2캠프(6,500m)까지 11분 만에 하강했다.

스키 활강

슬로베니아의 다보 카르니카르Davo Karnicar가 2000년 10월 7일 정상에서 스키를 타고 남동릉 코스를 따라 베이스캠프까지 5시간 동안 하산했다.

스노보드 활강

프랑스의 시프레디 마르코Siffredi Marco가 2001년 5월 23일 정상에서 스노보드를 타고 그레이트쿨르와르를 통해 노스콜을 경유, 베이스캠프 근처 대설원(6,400m)까지 하산했다.

해수면에서 세계최고봉 오르기

호주의 팀 매카트니-스나이프(Tim McCartney-Snape)는 1990년 초에 600마일 떨어진 벵골해안을 도보로 출발해서 3개월 후

베이스캠프에 도착해 남동릉을 거쳐 5월 11일 무산소로 등정
했다.

해수면보다 낮은 곳에서 세계최고봉 오르기

영국의 필 샌더슨Phil Sanderson은 2005년 12월 21일 지구상
에서 가장 낮은 수역水域인 사해死海(400m), 이스라엘과 요르단
사이에 있는 염호鹽湖에서 자전거로 출발해 2006년 4월 12일
롱북 베이스캠프에 도착했다. 그는 5월 17일에 북릉-북동릉을
통해 정상에 올라 사상최대 표고차(9,248m) 기록을 세웠다.

스웨덴에서 자전거로 왕복 등정

스웨덴의 골란 크롭Goran Kropp은 스톡홀름 자택에서 1995년
10월 16일에 자전거로 출발해 1996년 2월 22일에 1만 1000킬
로미터의 거리를 주파해 네팔이 카트만두에 노착했다. 한 달
후 카트만두에서 걸어서 출발해, 4월 13일 에베레스트 베이스
캠프에 도착했다. 남동릉으로 세 번 시도한 끝에 5월 23일 정
상에 올랐다. 그리고 걸어서 카트만두로 내려와 스톡홀름까지
자전거로 귀향했다.

에베레스트 등반 연보

1953년 5월 29일

영국의 제8차 원정대(대장 J. 헌트)의 E. 힐러리와 셰르파 T.

노르가이가 남동릉을 통해 최초로 정상에 올랐다.

1960년 5월 25일

중국등반대의 왕푸주, 추원화, 꽁푸가 최초로 북동릉을 통해 정상에 올랐다(증거가 없어 의심을 받고 있다).

1963년 5월 22일

미국원정대(대장 N. 다이렌푸르트)의 T. 혼바인과 W. 안솔드가 서릉을 통해 정상에 오른 뒤 남동릉을 따라 하산해 최초의 횡단등산을 기록했다.

1965년 4월~1969년 8월

네팔정부에서 등산을 금지했다.

1973년 10월 26일

일본원정대(대장 Y. 마사오)의 H. 이시구로와 Y. 가토가 남동릉을 통해 가을 최초로 정상에 올랐다. 또한 사우스콜에서 정상까지 중간 캠프 없이 왕복하는 최초 기록을 세웠다.

1975년 5월 16일

일본 여성원정대(대장 H. 에이꼬)의 T. 준코가 셰르파 A. 체링과 함께 남동릉을 통해 여성최초로 등정했다.

1975년 9월 24일

영국원정대(대장 C. 보닝턴)의 D. 해스턴과 D. 스코트가 높이 2200미터의 남서벽을 초등했다.

1977년 5월 14일

뉴질랜드원정대(대장 K. 우드포드)가 알파인스타일로 사우스 콜까지 진출했다.

1977년 9월 15일

한국원정대(대장 김영도)의 고상돈과 셰르파 P. 노르부가 남동릉을 통해 한국인 최초로 등정했다.

1978년 5월 8일

오스트리아 원정대(대장 W. 니이그므)의 R. 베스너와 P. 하벨라가 남동릉으로 최초로 무산소 등정을 했다.

1979년 5월 13일

유고슬라비아 원정대(대장 T. 스카라) 로라에서 시작되는 서릉을 따라 J. 자프로트니크와 A. 스트렘펠이 초등반했다.

1980년 2월 17일

폴란드 원정대(대장 A. 자바다)의 L. 키치와 K. 비에릭키가 남동릉으로 동계초등정을 했다(네팔정부의 동계규정: 12월 1일~이듬해

2월 15일).

1980년 5월 18일

폴란드원정대(대장 A. 자바다)의 A. 촉과 J. 쿠쿠츠카가 남서벽 우측 암릉(사우스 필러) 초등반했다.

1980년 8월 20일

R. 메스너가 노스콜과 북면으로 최초의 단독 무산소 등정을 했다. 또한 몬순기간 중 최초로 등정에 성공했다.

1982년 5월 4일

소련(러시아)원정대(대장 Y. 탑)의 E. 미스로프스키, V. 바리베르틴, S. 베르쇼프, M. 투르케비치가 남서벽 좌측의 남서필라를 초등했다.

1983년 10월 3일

미국원정대(대장 J. 모리세이)의 C. 부러, K. 모브, L. 레이샤르디트가 동벽(일명 캉슝페이스)을 통해 최초로 정상에 올랐다.

1986년 5월 20일

캐나다원정대(대장 J. 엘진가)의 샤론 우드가 서릉의 여성초등반을 기록했다.

1986년 6월 30일

E. 로레땅과 J. 트로일레가 혼바인 쿨르와르를 통해 31시간 만에 정상에 올랐다.

1987년 12월 22일

한국원정대(대장 함탁영)의 허영호와 셰르파 앙 리타가 남동릉을 통해 동계등정을 했다. 함께 오른 셰르파 앙 리타는 최초로 동계 무산소 등정을 기록했다.

1988년 5월 5일

대규모(252명)의 일본·중국·네팔원정대가 북동릉과 남동릉으로 등반을 시도해 앙 푸르바(셰르파), 다 체링(중국), 린젠 펀고(중국)가 남동릉으로 등정 후 북동릉으로 하산하고 야마다 노부루(일본), 락파 누루(셰르파), 세르니 토시(중국)가 북동릉으로 등정 후 남동릉으로 하산해 최초로 종단등산을 기록했다.

1988년 5월 12일

영국·미국·캐나다 원정대의 3명이 사우스콜을 경유하는 동벽의 새로운 루트로 등반을 시도했으나 2명은 중도 포기하고 스티븐 배너블즈(영국)만이 무산소로 정상에 올랐다.

1988년 9월 26일

한국원정대(대장 최창민)의 김창선, 엄홍길이 남릉을 통해 등정했다.

1988년 10월 14일

뉴질랜드원정대(대장 R. 홀)의 L. 브래디가 남동릉으로 여성 최초의 무산소등정(비공식)을 했다고 보도되었다. 함께 등반하던 스페인원정대에 의해 사실이 확인되었다.

1988년 10월 17일

체코원정대(대장 I. 피아라)의 대원 4명이 남서벽 최초의 알파인 스타일 등정 후 남동릉으로 하산 중 실종되었다.

1993년 4월 13일

한국원정대(대장 고인경)의 허영호가 북릉-북동릉(티베트)에서 올라 남동릉(네팔)으로 하산하는 두 번째 종단등산(비공식)을 했다.

1993년 5월 10일

한국여성원정대의 지현옥(대장), 최오순, 김순주가 남동릉으로 한국여성 최초로 등정했다.

1993년 5월 16일

박영석이 남동릉을 통해 한국인 최초로 무산소등정을 했다.

1993년 12월 18일

일본원정대(대장 Y. 쿠니아키)의 O. 요시오와 Y. 히데지가 남서벽 동계초등했다.

1995년 5월 11일

일본원정대(대장 K. 다다오)는 8명의 대원(일본대산악부)과 23명의 셰르파를 동원하고 5200미터의 고정로프를 이용해 K. 후루노와 S. 이모토가 북동릉을 초등했다.

1995년 5월 13일

영국의 A. 하그리브스가 북릉-북동릉을 통해 무산소 단독등정을 했다. 사실상 여성 최초의 무산소등정(공식)으로 인정받고 있다.

1995년 10월 14일

한국원정대(대장 조형규)의 박정현이 남서벽을 통해 등정했다.

1996년 5월 20일

러시아원정대(대장 S. 안티펀)의 P. 쿠츠네초프, V. 코하노프, G. 세미코렌코프가 북릉 밑의 북동릉 쿨르와르(북벽)를 올라 북동릉 루트로 정상에 올랐다.

1996년 5월 24일

오스트리아의 H. 캄머란드가 롱북빙하의 베이스캠프(6,400m)에서 23일 오후 5시에 출발 노스콜을 경유, 북릉을 따라 다음 날 오전 9시 45분에 정상에 올라 총 16시간 45분이 소요되어 최단시간 기록을 세웠다.

2004년 5월 30일

러시아의 P. 샤바리네, I. 투크바툴린, A. 마리에프가 북벽 중앙필러(혼바인 쿨와르 왼쪽)를 초등반(직등)했다.

참고문헌

Lt.Col.E.F. Norton and others, *The Fight for Everest: 1924*, Arnold, 1925.

R.Dittert G.Chevalley R.Lambert, *Forerunners to Everest*, Allen & Unwin, 1954.

Sir John Hunt, *The Ascent of Everest*, Hodder & Stoughton, 1953.

Thomas Hornbein, *Everest: The West Ridge*, Brower & Sierra Club, 1965.

Jon Krkauer, *Into Thin Air*, Random House, 1997.

Broughton Coburn, *Everest: Mountain Without Mercy*, National Geographic Society, 1997.

Peter Gilman, *Everest: The Best Writing and Pictures from Seventy year of Human Endeavour*, Little Brown, 1993.

Walt Unsworth, *Everest: The Mountaineering History (Third Edition)*, The Mountaineers, 2000.

J.Hemmleb L.A.Johnson E.R.Simonson, *Ghosts of Everest: The Search for Mallory & Irvine*, The Mountaineers, 1999.

Roberto Mantovani, *Everest: The History of the Himalayan Giant*, The Mountaineers, 1997.

Ed Webster, *Snow in The Kingdom: My Storm Years of Everest*, Mountain Imagery, 2001.

David Breashears & Audrey Salkeld, *Last Climb: The Legendary Everest Expeditions of George Mallory*, National Geographic Society, 1999.

Reinhold Messner, *The Crystal Horizon: Everest The First Solo Ascent*, The Mountaineers, 1989.

Chris Bonington, *Everest The Hard Way*, Hodder & Stoughton, 1976.

Chris Bonington, *Everest: The Unclimbed Ridge*, Hodder & Stoughton, 1983.

Jan Kielkowski, *Mount Everest Massif*, Expolo, 1993.

NHK海外取材班·內藤敏男,『エベレストへの道』, 日本放送出版
    協會, 1971.
『中國の高峰』, 東京新聞出版局, 1984.
貫田宗男,『二人のチョモラソマ』, 山と溪谷社, 1992.
藥師義美 雁部貞夫,『ヒマラヤ名峰事典』, 平凡社, 1996.

피터 퍼스트브룩,『그래도, 후회는 없다』, 지호, 2004.
박상렬,『눈 속에 핀 에델바이스』, 수문출판사, 2000.
조너선 닐,『셰르파, 히말라야의 전설』, 지호, 2006.
라인홀트 메스너,『에베레스트의 미스터리』, 삶과 꿈, 2003.
남선우 편저,『역동의 히말라야』, 사람과 산, 1998.
이대영,『정상에 서다』, 한국일보사, 1978.
에드 더글러스,『텐징 노르가이』, 시공사, 2003.
여동완,『티벳속으로』, 이레, 2000.
에드먼드 힐라리,『하이 어드벤처』, 수문출판사, 1989.

______에베레스트 도전과 정복의 역사

초판인쇄 2007년 7월 27일 | 초판발행 2007년 8월 5일
지은이 김법모
펴낸이 심만수 | 펴낸곳 (주)살림출판사
출판등록 1989년 11월 1일 제9-210호

주소 413-756 경기도 파주시 교하읍 문발리 파주출판도시 522-2
전화번호 영업·(031)955-1350   기획편집·(031)955-1357
팩스 (031)955-1355
이메일 salleem@chol.com
홈페이지 http://www.sallimbooks.com

ISBN 978-89-522-0681-7 04080
      89-522-0096-9 04080 (세트)

* 잘못된 책은 구입하신 서점에서 바꾸어 드립니다.
* 저자와의 협의에 의해 인지를 생략합니다.

값 9,800원